U0932423

俞 力 主编

历史的回眸

——中国参加世博会的故事

1851~2008

刘绣华 策划
上海世博文化传播有限公司 统筹

東方出版中心

图书在版编目(CIP)数据

历史的回眸：中国参加世博会的故事：1851～2008 / 俞力主编. —上海：东方出版中心，2009.6
ISBN 978-7-5473-0000-8

Ⅰ.历… Ⅱ.俞… Ⅲ.博览会-史料-世界-1851～2008 Ⅳ.G245

中国版本图书馆CIP数据核字(2009)第085666号

历史的回眸——中国参加世博会的故事（1851~2008）

出版发行：东方出版中心
地　　址：上海市仙霞路345号
电　　话：62417400
邮政编码：200336
经　　销：全国新华书店
印　　刷：上海锦佳装璜印刷发展公司
开　　本：710×1000 毫米　1/16
字　　数：269千
印　　张：15.25
印　　数：0,001–5,100册
版　　次：2009年6月第1版第1次印刷
ISBN 978-7-5473-0000-8
定　　价：28.00元

历史的回眸

——中国参加世博会的故事(1851~2008)

主　　编:俞　力

策　　划:刘绣华

绘　　画:朱　丹

编撰撰文:仇芳芳　刘晓冬　樊佳怡　刘　萍

王　萍　钱　佳　许光衍　吴　敏

统　　筹:上海世博文化传播有限公司

鸣　　谢:张　伟

the story of China and the story of expo
reflects the achievements of a country and
the progress of the world

中国与世博会的历史，

从一个方面叙述了一个国家与世界的故事。

国际展览局秘书长
冈·文·洛塞泰斯

写在前面的话

《历史的回眸——中国参加世博会的故事(1851~2008)》出版了。

这是一本产生于“走进世博会——中国2010年上海世博会暨世博会历史回顾展览”这一大型全国性主题巡展的展览内容集锦文本。“走进世博会”巡展是中国2010年上海世博会国内宣传推介重要的平台,自2007年起已在全国20多个省、自治区、直辖市和港澳台地区成功举办,吸引了超过160万人次的观众。而《历史的回眸》一书,是由众多的世博会学者、巡展策展人在不断地“走进”、“走近”浩瀚的近代历史文献的“书山文海”的过程中,在近三年的不断搜寻、不断发现、不断整理、不断撰写中汇集成册的书。它以丰富的史料讲述了中国参加世博会的历史进程,以及中国早年在世博会上展出的展品背后有过的一些历史小故事。它以通俗、普及、趣味的述说,让人们在省力、省时、省心的阅读中,了解一些中国与世博会历史的故事。

值得一提的是此书产生的背景和过程,其起源是当初为世博会展览增加一些趣味而设计的内容。因为,做一个大型主题类展览,除了要考虑策展主体对展览内容的编排规划,更要考虑观众客体易于接受的设计方式,要考虑“讲谁的故事”、“故事与时代的关系”等问题。

不同的故事,对不同的听众来说会产生不同的接受效果。因为,故事的述说编排就是一门传播艺术。只有愿意聆听,才会愿意接受,才能产生双方的交流和互动。

在“走进世博会”大型巡展中,除了主体的“中国2010年上海世博会”板块之外,还设有“中国与世博会历史”和“当地与世博会渊源”两大板块,即介绍巡展举办地曾经参加世博会的历史故事。尽管这部分内容所占比例并不大、形式也多采用朴素的实物展品,但出人意料的是,每次展览最为出彩的地方,却常是这块小小的内容。可谓“触目繁花千万朵,赏心只有三二枝”,常常是一篇小文章却“秀”出大精彩。

在各地的展览中,人们发现,那些原本生活中司空见惯、习以为常的事物居然都与世博会相关,那些“本乡本土的寻常之物”居然都代表当地、代表中国走进过伟大的世博会,居然还有得到过世界的奖项和赞誉的记载。正是这样“出其不意”地解读“历史成就”，渲染出轻松的故事氛围，人们便可以通过趣味故事的阅读，去了解世博会的本意究竟是怎么回事，了解世博会的举办对一个国家的促进作用，了解现代中国举办世博会的意义。于是，接下来的“文章”便会合情合理、顺理成章，大家齐心协力来共同撰写好中国未来世博会的大文章。

这些在巡展过程中的感悟，印证了《国际展览公约》第一章第一节所说的：“世界博览会是一种展示活动，无论名称如何，其宗旨在于教育大众。它可以展示人类所掌握的满足文明需要的手段，展现人类在某一个或多个领域经过奋斗所取得的进步，或展望未来的前景。”《历史的回眸》一书，正是试图展示中国在世博会领域经过奋斗所取得的进步，从而展望2010年中国在世博会舞台上的未来前景。

本书讲的历史故事，分为三个部分：

第一部分，阐述中国参与世博会的历史演变过程。通过“睁开眼”、“打开窗”、“推开门”、“伸出手”四个部分，通过世界大背景下的一些人和一些事，讲述中国与世博会150多年的历史渊源。

第二部分，讲述了一些中国在早期世博会展出展品的故事。整理出这些湮没在浩瀚的史海背后的故事，既记述着中国早年参加世博会历史中有过的辉煌，也整理出中国这些展品在中国漫长历史中发生的故事。

第三部分，选取三份早年中国参与世博会的展品获奖的名录。从这些名录中，我们可以看到中国参与世博会所留下的重要历史痕迹，具有一定史料价值。除了展品获奖名录，同时附有一份历届世博会基本资料一览表。

由此，历史性、趣味性、学术性便是本书的特点。

感谢画家朱丹的生辉妙笔，是他将朦胧的传说、久远的故事化为清晰的视觉形象；感谢世博会历史专家张伟的审阅指导，正是他自2002年起开始搜寻整理中国与世博会历史的相关资料，为本书的编撰奠定了基础。

当然，更要感谢国际展览局秘书长冈·文·洛塞泰斯为本书的题词，他的话语道出了这本书真正的意义：

“中国与世博会的历史，从一个方面叙述了一个国家与世界的故事。”

俞 力

(上海世博会事务协调局　新闻宣传部助理部长
《走进世博会》大型巡展　策展人)

目录 Contents

第三篇 推开门（1904~1949）

第四篇　伸出手（1982~2008）

第五篇　展品的故事

第一篇·睁开眼

1851~1867

19世纪中期，英国往昔那种田园诗般的风情不见了，代之而起的是一个忙忙碌碌的世界。乡村建起了灰暗的厂房，城镇竖起了高耸的烟囱，工厂里回荡着机器的轰响，高炉前迸射着铁水的光亮。此时的英国，火车和汽船已经代替了马车和帆船，拥有22个铁路网络，铁路总长度约1.3万公里，相当于今天中国6条京广铁路的长度。

这个世界掀起工业化浪潮进入现代化时代的时刻，也是世博会诞生的时刻。

集大成的万国博览会，正是通过各式各样的展品，展现着工业时代的成果和不同国度的人文风格……

一、缘起水晶宫

19世纪前半叶，欧洲工业革命正如火如荼地进行，科学技术的飞速发展，使人类生活发生了巨大的变化。在英国，自维多利亚女王登基后，当时的英国在世界工业中一马当先。同时资本的高速聚集和运作，也使英国成为当时欧洲金融的中心。这些因素触发了英国将在世界舞台上演绎主角的欲望。

此前，欧洲各国举办工业博览会已不是新鲜事，特别是英国、法国在工业革命的推动下，都举办了多届有影响的工业产品博览会，以此来推广本国的工业生产技术和宣传新产品。1761年英国首次举办了历时仅两周但非常成功的工业展览会；1828年至1845年，英国在国内组织过多次类似博览会的一些尝试；1849年，英国在伯明翰第一次为展览设计建造临时场馆。频频举办的工业博览会也使英国萌发了举办一次世界各国参与的博览会的愿望。

1849年6月30日，一次历史性的会议在白金汉宫召开，参加者有皇家艺术协会成员、全国博览会组委会成员、建筑公司成员和阿尔伯特亲王。会上讨论了举办世博会的想法，同时就如何举办世博会作出了7项重要决定，这些决定为世博会举办确立了基本框架。

会议决定世博会展品分为四个大类：原材料、机械、工业制品和雕塑作品；将建一幢特别临时建筑作为世博会展厅；举办场地选在海德公园南侧；博览会将是国际性的，由国家发出参展邀请；组委会将提供大量奖金以鼓励参展者；将成立一个皇家委员会来主办世博会；世博会财政集资由艺术家协会负责。日后，这些决定都被逐一实施，只是在评选奖励方面采用奖牌取代了金钱。

1850年1月3日，世博会皇家委员会成立。随后，维多利亚女王便以国家名义向世界各国发出世博会参展邀请。

1851年5月1日，第一届世博会正式开幕，超过50万人聚集在海德公园四周。世博会的举办场地水晶宫内挂满万国彩旗，参观人流摩肩接踵，各种工艺品、艺术雕塑琳琅满目，令人目不暇接。人们惊奇地观看来自不同国家的发明、珍奇和不同产品。

参观者最感兴趣的是各种机器发明。人们目瞪口呆地看着不同的机器工作，有开槽机、钻孔机、拉线机、纺纱机、造币机、抽水机等，这些新奇的机器又通过特别建造的锅炉房产生的蒸汽一起驱动，让人领悟到工业革命给世界带来的变化。

当然，最受赞誉的还是水晶宫。人们赞美这座通体透明、庞大雄伟的建筑，为英国人能开创世界建筑奇迹感到无比荣耀和自豪。水晶宫，这座原本是为世博会展品提供展示的一个场馆，不料却成了第一届世博会中最成功的作品和展品。水晶宫成为世博会的标志。水晶宫成就了世博会的举办，世博会的成功又为聚集众多国家、为了一个和平的目的交流不同文化、科技成果开创了先例。

1851年共有6 039 195人次参观了首届万国博览会。此后的百余年，“万国博览会”不仅成为各国商品、技术、资金、知识的汇集地，更成为各国展示富强的竞技场。

二、中国对参与早期世博会的态度

当早期世博会在欧美举办时，当时的中国人把世界博览会称为“炫奇会”或“赛奇会”，这是大清帝国对世界博览会的一种理解，这是由于当时的人们还未能从把技术看作是“奇技淫巧”的认识中摆脱出来，更不用说深入思索这些技术对人类社会发展的影响、对人的价值观的冲击等问题，以至于最终忽略了能密切接触首届世博会的机会。

此后，直到1866年之前，举办了1853年纽约世界博览会、1855年巴黎世界博览会和1862年伦敦世界博览会，清政府仍持怀疑和不屑的态度，而这期间的世界博览会均未邀请中国参与，这三届博览会也未能突破1851年第一届博览会的盛大效应。1866年，清政府总理衙门首度受邀参加法国巴黎博览会，但总署对于博览会免除参展出口税的惯例产生疑虑，担心免税将发生走私偷漏，因而仍然未能以官方名义答应参加1867年的巴黎世界博览会。直到1873年维也纳世博会，中国才有了以官方名义正式参与世博会的记录。

此期间具有较大影响力的世博会见下表：

1851年	英国/伦敦	伦敦万国工业产品博览会
1853年	美国/纽约	纽约水晶宫世界博览会
1855年	法国/巴黎	巴黎世界工农业和艺术博览会
1862年	英国/伦敦	伦敦国际工业和艺术博览会
1867年	法国/巴黎	巴黎农业、工业和艺术博览会

三、早期世博会上的东方色彩

虽然当时的清政府对早期世界博览会不以为意，但这并不妨碍这些博览会里出现中国展室、中国展品以及中国人。

（一）神秘的中国人——希生的故事

在保存的1851年万国博览会全景画中可以清晰地看到有关中国部分的参展内容。这幅画也成为记录中国参加第一届世博会的一件珍贵史料。

画中间的上半部分，有一块小小的匾上清楚地标示着“CHINA”字样。匾额下面的画面真实展示了博览会期间中国展室的展览情景。从画面上可以看出，中国展室的位置在水晶宫侧廊的南面，它的左边是突尼斯展室，右边靠近水晶宫KENSINTON路门口。与法国、美国、加拿大等国相比，中国展室所占的面积很小，规模与突尼斯、巴西、罗马等展室相差无几。中国展室中展品的数量和品种都不多。画面相对应的两行文字说明，中国展室中的展品包括：广口大对瓶、穿官装的中国官员像、青铜器、中国瓷器、屏风、椅子、象牙雕刻、青铜器、大理石群像等。显然，画面显示的只是展室中的大件物品。实际上，从1852年伦敦出版的《万国工业博览会评委会关于30类展品的评审报告》来看，当时中国展室的展品还包括：上海荣记行的丝绸样品、景德镇制瓷原料、植物蜡、棉花、木材、翡翠制品、硬煤和珍珠雕刻、蜡烛、蜜饯、雨伞、拐杖、茶叶、文具箱等。

1851年世博会全景图（局部）

有意思的是，画面展示的内容给人的感觉有点不伦不类。室内挂着的宫灯和展室右侧的大理石雕像很不协调，而裸体的大理石雕塑显然完全不符合中国的社会伦理规范，醒目的中国官员画像给人的感觉也无以名状。这种种疑点都叫人迫切想知道，究竟是谁提供了中国展品？这些展品又是谁组织和陈列起来的？

当时的中国官员对外国还很陌生。魏源、徐继畬已经算是开明的知识分子，但他们也只是通过来华外国人了解外国，自己并没有走出国门。当时的大多数知识分子和官僚们思想中还没有"出国"这一概念。清政府第一次派官员出国是在1866年，即15年之后。可是，很多史料记载1851年伦敦世博会上曾出现过一个中国官员。这名中国官员还受到英国方面的隆重礼遇。现存于英国伦敦维多利亚·艾尔伯特博物馆、由英国画家Henry Courtney Selous 创作的油画《女王在开幕式上接见各国使臣》便清楚地显示了这一点。

在这幅画作上，一个穿官服的中国人就站在维多利亚女王附近。大家不禁要问，这个神秘的中国官员，他是谁？

当年曾有人写信给《北华捷报》(*The North-China Daily News*)说此人是中国的"亲王"。《北华捷报》1851年7月19日刊登了这封信，同时表示严重怀疑，并希望读者不要轻信。"亲王"之说连在华的英国人都不相信。在"人臣无外交"的清代社会，亲王出国办理外交不可能没留下任何记载。根据清朝故宫外交档案编写的道光、咸丰朝《筹办夷务始末》及后来的《补编》和《清史稿》均无中国派官员参加1851年世博会的任何文字记载。可见，中国政府当时确实没有组织参加伦敦世博会。英国学者John Davis的说法比较可信，他认为，这个中国人是当时停泊在泰晤士河畔的中国轮船"耆英"号上的一个普通的中国人。他穿着中国的官服来参观展览，被英国方面误认为中国的重要官员而拉入等待英王接见的各国外交官之列。一些参加开幕的英国人事后曾在"耆英"号上见到过这个中国人。后经考证，此人确是一名广东人，人称"希生广东老爷"。"耆英"号于1846年12月从广东出发，于1848年3月抵达英国伦敦，船上的中国工艺品吸引了包括英国女王及狄更斯等社会名流在内的当地人上船参观。首届博览会上，希生作为嘉宾被邀请出席。1851年5月22日的《匹茨菲尔德太阳报》对油画上这一情节有一段精彩描述：希生与其他外国使节站在一起。

油画《女王在开幕式上接见各国使臣》

当唱诗班唱起亨德尔的《弥赛亚》中哈利路亚合唱曲时，希生抑制不住激动的心情，突然从外国使节、达官贵人中走到女王面前，优雅地向女王行了礼。

神秘的希生

但是，疑问仍然存在，显然希生不会是筹备中国展室的人。

1850年的六七月间，英国官员和商人们为筹备中国展确实开过两次会议并成立了专门的委员会。但之后呢？1850年12月14日，英国侨民在上海编辑出版的英文报纸《北华捷报》报道说，广州成立的委员会突然停止工作。主要原因是英国的筹备会认为，应该由中国政府、商人出面组织参加，不应该由外国机构和代理来代表中国人参加世界博览会。1850年12月21日《北华捷报》刊登消息说，本报呼吁上海商界为博览会选送展品已经很久了，但只有英、法、美三国领事和少数商人响应，大多数人对此漠不关心。但是，翻遍1850~1851年间的《北华捷报》、《中国丛报》，也没发现在华的英国官员和商人们组织参加世博会的历史记录。

那么，事实的真相到底是什么？

事实的真相就是，由于中国政府和中国人没有亲自参与第一届世博会中中国展览的筹备工作，一些英国商界人士就越俎代庖，在第一届世博会上推出了一个“中国展览”。这就成为如今我们在这幅万国博览会全景画中看到的“中国展览”。

（二）第一次亲密接触——荣记湖丝的故事

“士农工商”这个词语在古代中国不仅仅指从事不同职业的社会群体，从它的排序看，还意味着职业的社会地位。商——就是最轻贱的。历史的车轮驶近19世纪中期，西方工业革命正如火如荼，大清王朝仍然视“轻商”为天经地义的国策。1840年第一次鸦片战争后，中国被迫开放广州、福州、厦门、宁波、上海等5处通商口岸。1843年11月，英国首任驻沪领事巴富尔即抵达上海，上海从此正式对外开放为商埠。自此，列强纷至沓来，抢滩上海。十多年后，在沪的外国洋行即已达到一百余家。一位在1843年曾来过上海的英国植物学家福钧在1848年9月重返上海后感慨地写道：“我曾听说上海已经建造了英美的洋行，我上次离开中国时，的确有一两家洋行正在建筑，但是现在，在破烂的中国小屋地区，在棉田及坟地上，已经建立起一座规模巨大的城市了。”（《 A Journey to the Tea Countries of China 》，1852年）

当时，随着中国市场的进一步开放和条约口岸制度的形成，洋行得到迅速发展，买办的势力也有迅速的增长。那些既通晓外国语言文字、了解西方商业制度，又熟悉中国国内商情的商人，通过签订“合同”、缴纳一定的“保证金”而受雇于洋行，成为洋行的买办。买办们除了为洋行开展中介业务外，还往往同时经营自己的钱庄、当铺、茶栈、绸庄、布号等，如王槐山、唐廷枢、郑观应等人都是如此。买办是伴随沿海城市开放而最早富起来的一批人，而徐荣村及其兄弟正是上海开埠后最早到沪闯荡并因此发迹的商人买办之一，他们的经营重点是丝和茶。开埠之初最早进入上海的西方商人，除了鸦片以外，蚕丝和茶叶这两大贸易商品是他们最为关心的东西。而丝和茶叶是中国传统的大宗出口商品，在国外市场享有盛誉，在中国对外贸易中占有重要地位。徐氏家族正是在这股贸易浪潮中逐步壮大起来的。

记载“荣记湖丝”在第一届世博会获奖的《徐氏宗谱》

据说最好的湖丝出产在浙江湖州南浔附近的辑里镇，一根白净而柔韧的丝能承载七枚铜钱而不断，鸦片战争后，湖丝源源运进上海，通过洋行销售。广东人徐荣村，是上海开埠后第一批来沪闯荡的商人之一，在万商云集的上海，徐荣村进入英商“宝顺洋行”担任买办。据《徐氏宗谱》记载，早在道光年中期徐荣村就来到上海。当时的上海，群商云集，良莠杂糅，而徐荣村则以“货则上品，售之则上价”的经商理念闻名沪上。徐荣村眼光敏锐，思路清晰，深谙经商之道。他认识到，要获利必须和洋人打交道，而论获利之巨，“无他物更驾于丝茶之上者”。因此，他把自己的经商重点放在当时中国对外贸易的特色商品——丝、茶上，又尤以“七（辑）里湖丝”的贸易为重中之重。据记载，辑里湖丝在当年中国出口贸易中占有举足轻重的地位，在1847年上海出口的生丝中，辑里湖丝就占了约63%。当时的欧洲人（尤其是法国）特别喜欢“湖丝”，而南浔的“辑里丝”又是“湖丝”之最，极为抢手。有民谣道："小贾收买交大贾，大贾载入申江界。申江番国正通商，繁华富丽压苏杭。"指的就是这种黄金行当。徐荣村勤劳刻苦，办事练达，在商战中练就了一双判断蚕丝质量的"火眼金睛"。在当时的商贸百货中，蚕丝质量的优劣高低是最难把握检验的，于是，不少商人借故优劣杂陈，或干脆以劣充好，蒙骗买家。时间一长，华商的信誉成为商界的诟病。徐荣村久居沪上，深知信誉乃经商之本。他在源头上保证了蚕丝的质量，加上与人为善，买卖公道，蚕农和洋商都乐意与他交往，故事业一路发达，很快成为上海的一名巨商。

生意人特有的商业敏感，使中国与世博会的渊源可以追溯到它诞生的那一刻。1851年春天，徐荣村偶然获悉了英国举办第一届万国工业产品博览会的消息，他立即将自己所经营的"荣记湖丝"打上12包，装上货船，紧急运往英国伦敦。这个当时还不到30岁的小伙子绝对想不到，就是这12包远渡重洋送展的"荣记湖丝"，将中国与世博会的渊源风光地锁定在了初始。

徐荣村画像

最初，由于包装不够精致，"荣记湖丝"遭到了冷遇，但好在世博会的展览时间长达数月，褪去包装，荣记湖丝历经半年之久，仍然簇新质佳。经过反复比较，"荣记湖丝"的各种优点逐渐显现出来，受到众人的青睐。最后评选时，评委会的评语是："在中国展区，上海荣记的丝绸样品充分显示了来自桑蚕原产国的丝绸的优异品质，因此评委会授予其奖章。"(《万国工业博览会1851年，评委会关于30类展品的评审报告》，1852年）就这样，众评委一致"推君丝为会中第一，中外人无异词"。有着强烈经营意识的徐荣村知道，伦敦世博会的成功意味着自己迎来了更多的商机，他请来画匠将奖状上的"翼飞美人"图案描摹下来，作为以后荣记产品的商标，并为之广为宣传。从此，荣记商品在中外市场上大为畅销，极受欢迎，徐荣村的事业也因此越来越红火。

（三）水晶宫之感叹——王韬与张德彝的经历

王韬，一位富有正义感和爱国心的中国人，亲历了1867年的巴黎博览会，游历了第一届世界博览会的胜迹水晶宫，成为最早见识世界博览会的中国人之一。

1867年12月15日，王韬有幸搭乘普鲁士轮船从香港前往欧洲，历行数十国，来到法国，法国文明使他觉得事事新鲜，"眼界顿开"。他特别留心考察法国的文化与科学状况，并先后参观了卢浮宫博物馆、自然博物馆、巴黎万国博览会会场等。之后，他又来到英国，英国的市政设施、自来水、煤气灯、街道、车子、行人等都给王韬留下极深的印象，而英国的“机器制造之妙”和“格致之精”更使王韬大为惊叹，如火车、电梯、机器印刷等使王韬深深懂得机器制造之妙置根于格致诸学之精。

他在参观完水晶宫后写道：

“……地势高峻，望之巍然若冈阜。广厦崇。建于其上，透迤联翩，雾阁云窗，缥缈天外。南北各峙一塔，高矗霄汉。北塔凡十四级，高四十丈。窗栏槛，悉玻璃也；日光注射，一片精莹。其中台观亭榭，园囿池沼，花卉草木，鸟兽禽虫，无不必备……”

中国人的感叹

这是有幸接触到新科技发展魅力的中国人，对以往不曾了解的强大世界发出的一次备受震撼的惊叹。

1885年，王韬接受格致书院的创办人傅兰雅等邀请，担任上海格致书院山长一职。由于他深知“窃谓近会一切西法，无不从格致中出，制造机器皆由格致为之根底，非格致无以发明其理”的道理，并把它贯彻到教学和管理中去。因此，在他执掌格致书院的12年里，不断改革创新，力图振作，是格致书院办得最红火、最有生气的时期。

另一位亲眼目睹水晶宫的中国人是张德彝。他于同治五年（1866年）在《航海述奇》中写道：“……一片晶莹，精彩炫目，高华名贵，璀璨可观，四方之轮蹄不绝于门，……灯火烛天，以千万计。奇货堆积如云，游客往来如蚁，别开光明之界，恍游锦绣之城，洵大观也……”。

其实，张德彝和王韬见到的都是当年已经被移至伦敦南部辛顿汉姆的复制“水晶宫”，尽管世博会已经结束，但“水晶宫”仍足够令人振奋。

同治七年（1868年）张德彝在其撰写的《欧美环游记》里再次描述了水晶宫在白天和夜晚所呈现的不同光彩，他由衷地赞美着：只见周遭玻璃环身，仰望天窗蓝天白云，左顾右盼窗外绿草喷泉，明晃晃的透明体洒进大片阳光，置身其中，似幻似真。

（四）第一份成绩单——来自伦敦的评语

据文献记载，当时在华的英国官员和商人们组织了相当多的中国商品赴伦敦参展，包括丝绸、棉花、药材、茶叶、植物蜡、煤炭、雨伞、折扇等工农业产品，以及刺绣、漆器、翡翠、瓷器、鼻烟壶等工艺品，其中丝绸、瓷器、茶叶、植物蜡等产品均获得了奖项。在博览会后的《伦敦万国工业品大博览会对中国展品的评语》中，评委会这样评价了神奇绚烂的中国展品：

丝织品

中国丝织品的展览尽管充分显示了长期以来该国在锦缎和其他丝织品上的声誉，但还不足以引起巨大的轰动效应。但评委会还是要向胡夏米（H. H. Lindsay）先生、颠地（L. Dent）先生表示谢意，他们将该国有特色的展品选送到这里。

中国作为世界上最早的丝绸生产国，以其在丝绸生产中运用的品种多样的染色丝，成为该领域的代表。中国上层人士的主要服饰旗袍以丝绸为面料，做工精细，有精美的刺绣，被授予荣誉奖。

丝绸

在中国展区，上海荣记的丝绸样品充分显示了来自桑蚕原产国的丝绸的优异品质，因此评委会授予其奖章。同时评委会分别授予阿斯代尔公司（Messrs. Astell and Co.）、布莱恩（C. J. Braine）先生、哈蒙德（W. P. Hammond）先生和胡夏米先生选送的丝绸样品以荣誉奖章。

矿产品

中国尽管在水晶宫展示了在丝绸制品和瓷器方面的杰出成就，但是在矿产品方面却仅获得唯一的一枚荣誉奖。该奖项授给了英国驻上海领事阿礼国，他选送了一批在鄱阳湖附近的景德镇大型瓷器作坊进行瓷器制作时所使用的原料。这批原材料包括用于瓷器作坊的黏土和颜料样品。

植物蜡

英国驻上海领事选送的来自中国的植物蜡，由于它的高熔点和其他物理特性，吸引了人们的注意力，这种植物蜡非常有利于生产蜡烛。因此，评委会决定授予其荣誉奖。

金属制品

令人遗憾的是，中国金属制品的展品实在太少，不能给我们一个完整的概念。中

国的金属制品涉及范围广，加上中国人的心灵手巧、发明天赋以及他们独特的家庭习惯，我们有理由相信中国人在金属制品加工生产领域的发展水平和实用价值，应该与欧洲不相上下。

漆器

漆器因其表面涂有从虫胶中提取的清漆而得名。中国产的漆器价格昂贵，制作工艺复杂，需要十八至二十层的涂抹、固定和擦亮步骤。这些漆器使用的清漆纯度亮度很高，装饰精巧考究，手工式的加工工艺令人叫绝。在展会上展出了一些令人感兴趣的中国产的漆器，特别是由布莱恩先生提供的一座折叠屏风尤其精美。

扇子

在扇子制作方面，中国和法国是最大的竞争对手，几乎垄断了全世界的扇子生产业。在漆面扇领域，中国无可争议地被认为是最好的产地，在木制、骨制扇子以及象牙、珍珠的雕刻和钻孔技术上中国没有任何竞争对手（尤其是考虑到价格因素的话更是如此）。即使在普通扇制作上，中国扇设计富有新意，色彩鲜艳，绘图工丽，工艺考究。扇子加工业主要集中在广东、苏州、杭州和南京。象牙扇和骨制扇、羽毛扇的制作主要出口欧洲和美洲市场，中国人使用的主要是抛光和上漆的竹片作扇骨、纸作扇面的扇子。在博览会上展出的扇子样品不是直接来自中国的制造商，而是由三个英国的参展商所提供，他们分别是布莱恩先生、达尼埃尔（Daniell）先生和裕昌公司。展出的样品包括有图案和刺绣的羽毛扇；还有一把蓝白相间的羽毛扇，银色镶边，绘有中国人物肖像；一把雕刻钻孔精巧的象牙扇，工艺复杂，售价却很便宜，只要20先令。还有一些普通纸扇，有的饰有简单的风景画，有的以金色饰片装饰。

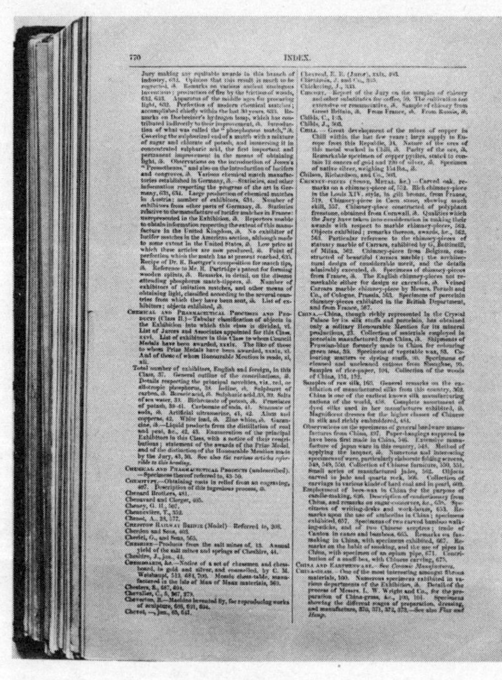
770 INDEX.

《万国工业博览会》一书中所附索引中关于中国部分的记录

中国茶

里普莱（P. W. Ripley）先生专门为本次博览会在广东搜集的中国茶可说是独一无二的，品种齐全，品质卓越，含有罕见的和昂贵的成分，还具有不小的科学研究价值。其中的一些品种还从未在英国见到过，一些品种在中国市场上的价格要比英国市场上最昂贵的品种零售价还要高五倍之多。一些品种经不起长途运输，加上博览会也缺乏合适的保存和展出条件，已经有所损坏。

评委会遗憾地发现，皇家委员会的评奖规则不允许授予里普莱先生比奖章更高的奖项来表彰他的参展品的价值。下列少量的资料记录了有关这一首次充分展示的工业分支的信息。

展出的各种品种的白毫茶，有一些在中国市场上能卖到50先令一包，而在英国市场上最高的价格大概也只有7先令。纯的白毫茶和橘味白毫茶在英国卖得不多，但作为旅行茶，被富有的俄国家庭购买。最好的白毫茶不会销往海外，而大多是供中国官员饮用，因为在俄国出售的白毫茶尽管要加上每袋3至4先令的运输费，但圣彼得堡的最高售价从未超过50先令。

功夫茶或宁阳茶主要出口到美洲市场。乌龙茶在加尔各答是最好的饮料，在英国尽管稍便宜些，但长途运输已经破坏了这种茶的口味。

就口感而言，没有比一种叫“官僚茶”的更好的了。这种茶仅经过短时的烘烤，在最佳的条件下略显潮湿，因此经不起运输和保存。在中国的富有人家，这种茶需求量很大，在当地市场上卖到20先令一包。

展出的还有一些中国劳动阶层饮用的各种品种的茶。其中一些仅是粗糙的经日晒的叶子，质量较好的（来自烟台）茶叶被放在篮子或盒子里，出口到爪哇岛等地。

最后还展出了茶树本身，它的叶子、花、芽等的样品；展出了茶叶生产、包装、装运整个过程的模型和图画；用来闻茶香的器具和茶罐、茶杯等相关物品。

第二篇 · 打开窗

1873~1900

从19世纪60年代，中国就与“世界博览会”结下了不解之缘。从1866年总理衙门首度受邀参加法国巴黎博览会起，至1911年清朝覆亡为止，在短短的46年期间，中国共计收到超过80次以上的邀请。但是，直到1870年之前，清朝总署均因对博览会不甚了解，而以拖延敷衍推辞。

1873年维也纳世博会，中国由官方组织并派代表出席。但长期以来，中国一直处于与世隔绝的封闭状态，长期的闭关锁国政策使人们安于现状，甚少与外界交流，有能力办理外交、参与国际性活动的人才寥寥无几。同时，由于财政短缺，缺乏参展所需的大笔经费。于是，此次世博会的成功展览是以洋员为主体的晚清海关首次经办展览事务的结果。由于维也纳世博会展览的成功，中国政府陆续参加了之后的世博会，但是，也由此形成了清王朝委托懂得外交的中国海关总税务司承办世博会这项国际性事务的惯例。

由洋人操办中国参展世博会的现象，直到20世纪初始有所改变。1904年，清政府派出由溥伦贝子和黄开甲分任正副团长的正式代表团，中国开始由中国人自己作为代表参与世博会。1905年比利时列日世博会，中国代表团的主席虽然由海关总税务司赫德担任，但实际负责在列日参展事务的是中国驻比利时大臣杨兆鋆，他被清政府任命为“黎业斯赛会大臣”（列日世博会大臣）。1906年意大利米兰世博会，负责中国参展事务的是商部头等顾问官张誊，由他提出建议，首次依照清政府刚刚颁行的《出洋赛会通行简章》20条，由官方和民间联合自行参加国际赛会。自此，中国终于初步摆脱了由海关洋员把持世博会事务的旧格局。

一、晚清时期中国海关筹办出国参展世博会

1908年，春寒料峭的北京，中国海关总税务司署的一张办公桌上留下了一行潦草的字迹："1908年4月13日上午7时，罗伯特·赫德，走了。"在永定门火车站《友谊地久天长》的悲悲切切的音乐声中，帝国送走了总揽中国海关税务47年的一位英国人，一位最具争议的外国的中国高官，宣告了一段半殖民地特色的中外特殊交往史的终结。

1908年1月，署理外国通商各口岸税务事宜总税务司英国人赫德因病卸职。4月，赫德回归英伦三岛，结束了他对中国海关长达48年之久的统治。清廷仍为赫德保留海关总税务司一职，赫德也一再表示，还要再来北京。但人们知道，赫德将一去不返，毕竟他已是73岁的老人。

赫德曾用一首诗描述他的离去：

你嬉戏已足，你吃饱喝足，该是你离去的时候了。

据《北华捷报》、《泰晤士报》报道，1908年4月13日上午，十几个西方国家的驻华使节，清廷勋戚权贵、各部臣僚、总税务司署职员及名流士绅、工商买办、各界人士上千人聚集北京车站，为赫德送行。赫德私人所建乐队反复演奏各国国歌，气氛沉重、伤感。赫德长女埃薇后来回忆，终结曲是《友谊地久天长》，乐声中没有一个西方人"不含着眼泪道别"。

当时赫德神情落寞，短大衣没扣纽扣、有些皱巴，步履疲惫蹒跚。他低着秃顶的头，与送行的人们一一道别，灰色的目光中满是失意。登车前，赫德在月台上转过身来，"把一个最后姿态留给了中国"，"仿佛终场演出落幕时，一个演员最后的谢幕"。这一形象成为6年后上海外滩江海关广场所立赫德塑像的蓝本（该塑像1942年被日军拆除）。

从清政府最后封赫德为"太子太保"的举措来看，这个出生在北爱尔兰的英国人，的确创造了一个客卿所能创造的最高伟业。食君之禄，为君分忧。客卿是为君主谋利

益而不计个人身份的政客。《清史稿》对赫德作结论曰："赫德久总税务，兼司邮政，颇与闻交涉，号曰客卿，皆能不负所事。"

（一）中国海关的洋管家

1933年美国芝加哥世博会上中国传统的喇嘛庙建筑

近代中国海关属总理各国事务衙门管辖，实行外籍税务司制度，管理征收洋税。赫德，英国人，1854年来到中国，自此全面接触中国文化、中国人，为他成为"中国通"奠定基础；赫德于1859年进入中国海关，以他广博的外交知识和精明强干的能力，左右逢源的本领，与恭亲王奕䜣关系密切，赢得了总理衙门对他的信任。1861年进入中国政治文化中心北京，正式接任中国海关总税务司的职务，推行中国近代外国人支配中国海关的制度。他不仅管理着整个中国海关，而且通过税收直接向外国政府支付巨额赔款，从而使帝国主义强加在中国头上的不平等条约得以运转。其间他以其高超的交际手段，获得清朝总理衙门的信任，成为清政府总理衙门的最高顾问，并直接插手中国的内政外交，组织参加世界博览会事务同样也不例外。总理衙门每遇不熟悉的外交事务，都往往借助赫德的建议。

中国近代海关除了海关业务外，还包括其他许多业务，而承办参加国际博览会只是其中的一项。赫德认为参加国际博览会有利于促进中国与世界的联系与交往，而清政府也说："每一次这样的参加都把中国带入与世界各国的更亲密、更友好、更有益的联系中。"因此，赫德十分乐意承担这项事务，从1876~1905年的39年间，由海关承办参加国际博览会的展出事务不少于29次。

其次，晚清国人走向世界，接触对外事务的毕竟是少数人，真正懂得并能主持外务的，更是凤毛麟角。世博会是国际性活动，定型于1851年的伦敦"万国工业博览会（Great Exhibition）"。1867年巴黎世博会正式邀请清政府参加，清总理衙门却拒绝参加。1870年奥匈帝国宣布1873年在维也纳举办世博会，并邀请中国参会，在奥匈公使一再请求下，清政府才勉强同意民间商人自愿选物赴会。1870年底，总理衙门便委托赫德命令各海关税务司和海关监督在各口岸晓谕民间工商人等自愿选送物品参加展览，展品免征出口税，有意参展者与各口岸海关交涉。但是中外商人对参加博览会热情很低，直到1872年中期，中国政府建立专门机构负责计划、监督和推动参展工作，总理衙门便授权赫德迅速妥善处理。

《1905年列日世界博览会中国展品目录》扉页

最后，海关本身的性质方面。“海关验货一职的官员，对各种商品情况，甚为熟悉，对展品的征集，易于进行。”19世纪中叶举办的历次世博会，其目的都是为了汇集世界各国的新发明和新奇商品，展示主办国的实力，提高其国际地位，同时促进贸易和交流，维也纳世博会也不例外。赫德特别关注通过世界主要海港贸易的样品展示国际间的商品交流，他向西方详细展示中国各口岸进出口贸易的种类、数额、税率和流向，并且要求附有过去10年间各个港口航运、商务情况图表以展示中国港口和贸易情况。这对于海关而言承办此项事务是顺理成章的。自此，由海关洋员承办并代表中国参加世博会成为晚清中国参加世博会的主要方式，因此被戏称为“赫德之赛会”。在中国自1851年到1905年参加的所有的世博会中，1873年维也纳世界博览会是海关第一次承办世博会，也是最具有代表性的一次。

（二）休假工作两不误

早在赫德之前，法国人巴·德·美理登（Baron De Meritens）便受法国政府委派，来华协助中国参加1867年巴黎世博会。

1866年清政府接到法国政府巴黎世博会邀请书后，总理衙门仅发函通知总税务司署，法国政府应其驻北京使馆请求委派巴·德·美理登来华协助中国参加1867年巴黎世博会。总理衙门札文并未明确组建大清国赴巴黎世博会正式参展团，但是正式授权海关总税务司署统管参展世博会工作。

《近代来华外国人名辞典》记载：法国人巴·德·美理登，1857年来华，任使馆翻译，1859年署理上海领事馆翻译，1860年临时担任法国特使葛罗男爵翻译。1861~1871

1933年美国芝加哥世博会中国馆门口

年任福州海关税务司。他曾协助闽浙总督左宗棠组织外国军队镇压福建省境内的太平军余部。

此段简历，没有写入美理登参与筹备世界博览会事务的理由是：担任海关税务司回国休假时，由海关总税务司安排税务司兼职参加世界博览会工作，既有利于公务也有利于个人。有利于公务指的是，海关总税务司一般根据世界博览会举办国，选用正在休假而且相同国籍的税务司参与筹备工作，语言方便，情况熟悉，协调有利，不必再高薪聘请管理人才；对税务司本人也有利，兼管筹备工作，可以适当延长假期，还有工作津贴，并得到组织指挥和协调工作的锻炼。

税务司利用回国假期参与筹备世博会事务，1867年法国巴黎世界博览会，法国人美理登成了第一人。以后近40年，陆续有三十多位税务司回国休假兼办世博会事务。

从19世纪60年代开始，清政府不断获得各国参加各种世界博览会的邀请。自1867年至1905年世界博览会都由海关负责组织，海关承担了38年、29次世界博览会所有中国展品的征集工作。这期间影响力较大的世博会见下表：

1873年	奥匈/维也纳	维也纳世界博览会
1876年	美国/费城	费城美国独立百年博览会
1878年	法国/巴黎	第3届巴黎世界博览会
1883年	荷兰/阿姆斯特丹	阿姆斯特丹世界博览会
1889年	法国/巴黎	法国巴黎世界博览会
1893年	美国/芝加哥	芝加哥哥伦布纪念博览会
1900年	法国/巴黎	第5届巴黎世界博览会
1904年	美国/圣路易斯	圣路易斯世界博览会

参与筹备出国参展的海关洋员，主要负责指挥、策划、管理、安排和协调等事务，华员则承担具体事务。在海关统管出国参展工作的38年期间，作为筹展专职机构成员或代表团成员的共有四十余人，他们是：赫德（RobertHart）、德璀琳（G. Detring）、葛德

立（W. Cartwright）、杜德维（E. B. Drew）、汉南（C. Hannen）、包腊（E. C. M. Bowra）、赫政（J. H. Hart）、吴秉文（A. Huber）、哈扪德（J. L. Hammond）、华必乐（C. E. Vapereau）、美理登（E. B. Meritens）、柯尔乐（F. A. Carl）、帛黎（A. T. Piry）、贺壁理（A. E. Hippisley）、雷乐石（L. Rocher）、康发达（F. Kleinwachter）、休士（G. Hughes）、裴式楷（R. E. Bredon）、辛盛（C. L. Simpson）、吴德禄（F. E. Woodruff）、廷得尔（E. C. Taintor）、马福臣（A. Macpherson）、葛显礼（H. Kopsch）、德善（E. De. Champs）、狄妥玛（D. Thomas）、吉罗福（G. B. Glover）、金登干（J. D. Campbell）、那威勇（A. Novion）、史纳机（J. F. Schoenicke）等。

（三）由海关统筹出国参展世博会得到的启发

在中国海关统筹出国参展世博会的历程中，海关总税务司赫德的作用和影响不可小觑，而他也是参与中国参展世博会历史的海关洋员中最具代表性和启发意义的一人。赫德作为外国人，掌控中国海关最高权力乃至经济命脉近半个世纪之久，不能说不是古今中外历史上一个奇特的例外。

赫德是一个具有两面性的人物。首先，赫德是殖民者，代表帝国主义列强、特别是英国在华利益。当列强在华利益与中国利益相矛盾时，他毫无疑问站在列强一边；在英国利益与其他列强利益相冲突时，他毫无疑问站在英国一边。其次，赫德也做了不少客观上有利于中国的事，如将近代科技、管理引进中国；在个别情况下为中国“据理力争”等。

赫德在中国38年的时间里筹办29次世博会事务，着实积累了许多科学管理方法，在征集展品的广度和深度以及使用博览会人才的合理性方面，都值得国人学习和借鉴：

1. 从赫德下发的总税务司通令看出，通过参展世博会，他也想让中国人走出国门，了解和学习西方发达的科学技术和管理制度。

1872年8月3日，总税务司第4号通令致各关税务司，告

1940年金门世博会上中国馆前排队的参观者

知博览会的主要目的之一是通过世界主要海港贸易的样品来展示国际间的商品交流，应该附有过去10年间各港口航运、商务情况图表。赫德要求各港口税务司对全国各港口外国轮船经营的全部贸易商品，按品名、产地、目的地、价值和进出口的数量，将商品进行分类、编号，并按中文报税名称排列顺序，具体的整理工作由海关验货办理。为激发工作人员的工作热情，赫德许诺将根据他们的工作成绩，分别给予相当于1~3个月薪金的奖励。赫德还指示趁此机会将收集的样品分为三份，一份送维也纳博览会，一份由港口保存，一份送他所建议设立的北京中国贸易商品博物馆。为了避免样品中欧美进口商品产生不必要的重复，上述通知进一步修改为凡欧美进口商品的样品只在上海收集。各港口负责收集的样品包括：从亚洲、非洲、澳大利亚及南太平洋各岛国进口的产品，中国产品以及中国的出口工业品，反映地方特色或满足地方需要的各类产品。这些展品代表了中国的工艺水平、产品类别、工业门类和贸易情况，对帮助世界更好地了解中国人民的生活和中国文化起了很大的作用。

1876年12月26日第12号通令第5点，赫德说："一些总理衙门大臣和中国官员已知道我们对维也纳和费城世博会所做的努力使得赴会展品受好评，他们对参展结果表示满意。我相信这次我们也会尽力使本次巴黎世博会上的中国展品吸引众人。各类博览会一个紧接一个的召开，起到了很好的作用，引起了中国对其他国家现状的好奇。由于中国赴会展品很受青睐，中国人不愿参加世博会的观念逐步改变了。每一次参加世博会都会使中国和世界上其他国家之间的关系变得更紧密、更友好、更有益。"

1897年2月4日，海关总税务司署通令第763号，赫德称："法国政府已邀请中国参与协作1900年的巴黎世博会，总理衙门建议由我全权处理此事。此赛会将是一届令人瞩目、辞旧迎新的赛会。同时，法国希望中国参加的愿望合乎各方面的利益——这将给中国带来荣誉，同时也是主办者与所有受邀参展者的荣幸和对此届赛会价值的肯定。"

2. 为了充分做好准备工作，事先对参展商品要进行调查研究。

1897年2月4日，总税务司赫德通令各关税务司，着手拟写调查研究报告：

（1）商品组成。

（2）官方参展品需要哪些资金？

（3）参展后销往国外的有哪些商品？

（4）私人展览商品需返运或归还别国的？

每次接到总理衙门授权后，赫德即布置各关税务司，张贴公告于海关大门口，告知社会各界，欢迎自愿参展博览会，广泛征集展品及有关注意事项。接着赫德还要组建中国政府参展团人员名单（每次赫德都是当然的代表团团长，大多数成员皆由海关税务司组成），还须建立一个专职筹备参展博览会的机构，把全国分成三个区域集中收集展品，分北区、中区、南区，一般北区以津海关、中区以江海关、南区以粤海关为集中地点。每次博览会成立专门委员会处理此事，专门委员会分成两组：A组——在中国做准备工作和负责包装、运送展览品；B组——在国外办展地城市负责接待、布置展品，并将在那儿采取其他行动，代表中国与博览会保持联系。

3. 展品正确科学分类编号，防止混乱搞错。

中国参展维也纳国际博览会，最初设想按照大清国海关税则号列编号，1872年9月5日粤海关税务司包腊呈报赫德建议书："关于展品分类和排列，本人意见不宜遵循税则号列，因为它的分类没有明显的原则，对欧洲人看来许多不协调和荒谬之处，如按中国税则分类，明矾将归类于油类，茶叶归类于茴芹种子和麝香，烟草归类于食糖和加工食品，窗玻璃归类于宝石等等，诸如此类。"因此包腊建议："搁置原先分类办法而采用博览会章程的制度，该制度从科学方法结合分类明确，查找方便。如照此实行，则展品将按26个大类划分，采用博览会章程的统一标题而对展品性质的小标题则作若干改动或省略。兹随文附呈按此原则分类的概略表，中国展品按此分类特与别国一致而丝毫不损其特色。"

1933年美国芝加哥世博会上的上海街大门

1933年美国芝加哥世博会上海街俯视图

4. 科技创新是博览会的灵魂，鼓励个人署名展品。

19世纪70年代起，欧美各国频繁举办国际博览会，同时也是西方国家工业科技创新

1933年美国芝加哥世博会中国馆夜景

1900年法国巴黎世博会中国馆一角

的竞赛和亮相。通过博览会上的交流，中国商人不仅学到了外国的先进理念，也了解了自身的落后与不足。博览会上所展示的各个国家的新技术、新产品，如保险柜、手表、马车、枪炮等，在让中国代表大开眼界的同时，也使他们意识到参与世博会展览比赛的“皆为有用之品，可以增识见、得实益，非若玩好仅图悦目者也”。赫德已经注意到国家科技工业产品的重要性，他在1875年第14号通令中说：“由于各种原因的延误，我不得不放弃原定的计划，海关选送的赴会物品应由中国知名地区的特产和各条约口岸的贸易货物组成，我这样安排是想展示这个国家优势产业中更引人注目的一些物品”。当时落后的旧中国，哪里有潜力创新科技和工业新产品？如果用进口产品点缀，举办国评委会仅对该国进出口贸易情况作总体评估，对具体进口展品不予评分或给予很低评分。

1900年巴黎世博会中国展览团专员华必乐税务司致总税务司赫德函中，说明此次中国展品获奖情况较少的3条原因：1. 巴黎世博会评奖委员会，鼓励个人制造参展，团体送展不参与评奖，例如，所有广州的家具制造者均获得奖项，而宁波以“中国皇家中部委员会”参展者，则未能获奖，如果宁波参展家具署名为制造者个人也会获奖。2. 从1900年巴黎世博会开始，外国参展评委会对中国手工艺品已产生陈旧感了。3. 西方两位记者对中国捏造谎言，致使评委会贬低中国产品。

二、1873年维也纳世博会——中国海关的胜利出演

1873年维也纳世博会上，中国参赛代表团是清一色的外国人。

维也纳博览会从1873年5月1日开幕，10月31日闭幕，历时6个月，参观者达674万多人。由于中国出色地组织了本次展览，中国展厅在各个方面都获得了巨大成功。中国展品数量之庞大、种类繁多令人吃惊，展示了中国人的衣食住行和悠久的文化。来自各国的参观者不仅看到了中国民间的日常生活用品，还看到了中国官府和皇家所用的各式精美瓷器、青铜花瓶、木雕艺术品、画着各种神话传说的执扇、古玩玉器、绫罗绸缎。展品从小到米面油盐酱醋茶等土特产，大到雕刻屏风、红木家具和完整展示中国丝织过程的大型模型，真是应有尽有，连满族的兵服、军旗、贵族们玩的鸟笼、烟壶、烟盒也在参展之列。展品引起公众的强烈兴趣，《万国公报》称："中国寄往各物遐迩，争观恐后，以为见所未见也。"

由于中国展品全方位地展示了中国对外贸易的经济状况和悠久文化历史，在博览会上受到了各方交口称赞。10月8日，中国参展团在维也纳歌剧院举行盛大的音乐招待会，包括奥地利皇室成员以及当地社会名流在内的1 400多名宾客应邀出席。奥地利皇室的嘉宾们深为中国人的好客所感染，没有一个中途退场，直到乐队演奏完最后一支舞曲后，才向主人告辞。招待会圆满成功，中国参展团在维也纳的展览也圆满地画上了句号。奥地利政府为感谢中国对维也纳博览会所作的贡献，特向中国赴会人员颁授勋章，以表彰他们对博览会付出的热忱和劳动。除了在博览会上发给赴会的海关税务司勋章外，次年11月维也纳国际博览会委员会又给中国海关筹办博览会的相关人员发了3种特别的勋章，再次向他们表示感谢。赫德非常满意地说："看到我们为维也纳博览会所付出的努力得到如此多的满意回应，我非常高兴。"这次展览由于在博览会上广泛散发了中国展品的目录等资料，详细介绍了各种展品在中国的用途和价值，以及中国各种风俗文化的内涵，使得世界增进了对中国的了解。通过世界博览会，中国走向世界，世界也了解了中国。中国展览的成功使清政府感到满意，对海关承办博览会事务的能力给予了肯定，因此，总理衙门对以后各国邀请参加世界博览会的照会基本上都承应下来，交海关总税务司署办理。维也纳世界博览会

中国参展获得的成功，是一次具有进步意义的事件。它在筹划、安排和组织上为以后中国参展积累了经验，奠定了基础。后来海关在办理这一事务时基本上一直沿袭着这种形式和方法。

（一） 赫德的舞台

1873年（同治十二年）举行的第5届世博会也称维也纳世博会。是年正逢奥匈帝国弗朗茨·约瑟夫皇帝加冕典礼25周年大庆，承办世博会也是为了向世界展示奥匈帝国的实力。

当时清政府的海关总税务司赫德为了扩大中国和外国的商业联系，以图取更大的利润，便派包腊代表中国参加当时仍被中国人视为赛奇会的世博会。于是一场由英国人引领的中国世博传奇就此拉开序幕。

1870年底，奥匈帝国驻华公使正式发出照会，邀请中国参加1873年维也纳世界博览会。起先，总理衙门认为世博会是“炫珍耀奇”的无益之举，以“中国向来不尚新奇，无物可以往助”为由拒绝参加。实际上，清政府既缺乏经费又缺乏专办世界博览会事务的外交人才。

此后，经奥匈帝国驻华公使反复游说，总理衙门才勉强同意民间商人自愿组织展品参展。这一决定规避了政府资金支出，又没有抵触奥国的意愿。当时，中国海关昭告民间商人，参展展品免征出口税。但中国商人对参加博览会的热情很低。

1872年，奥匈政府向中国请求建立一个专门机构负责计划、监督和推动参展工作，使中国赴维也纳的展品既具有代表性，又令人信服。于是，总理衙门授权掌管中国海关总税务司的英国人赫德处理中国参展事宜，经费则出自海关稳定的关税收入。

赫德很快进入工作状态。从1872年8月到1873年7月，赫德就如何筹备维也纳世博会中国展品共发出9号总税务司通令，在展品的收集、编排、运送等具体操作及注意事项等方面亲自作了详尽的指示。

在赫德的领导下，海关各口岸紧锣密鼓地组织展品。展品包装完毕后，北方口岸把展品寄到上海，南方则寄往香港，再由香港和上海海关送往意大利的港口里雅斯特，在那里将全部展品汇总送往维也纳。

在整个筹备、组织展品过程中，海关发挥其组织完备、办事快速有效的优点，各海关洋员配合赫德的指令，使繁琐而庞大的工作得以顺利地在短时间内完成，显示了海关的组织能力。

表一：1873年中国海关筹备维也纳世界博览会职员一览表

海关名	收集及制表人及其职务	监督人
山海关（牛庄）	贾历（George Clark）二等验货	廷得尔（E. C. Taintor）署理税务司
津海关（天津）	白各林（J. Brackenridge）二等验货	汉南（Hannen）；赫德（Hart）；赫政（James H. Hart）（皆为税务司）
东海关（烟台）	雷威廉（W. Rae）二等验货	班谟（Loyd E. Paim）代理税务司
江汉海关（汉口）	额得志（C. J. Eldridge）二等验货	马福臣（A. Macpherson）海关税务司
九江海关（九江）	鲁富（W. A. Lovatt）潮水测量员	葛显礼（H. Kopsch）海关税务司（兼制表）
镇江海关（镇江）	高士彬（R. J. Goldspink）潮水测量员	吴秉文（A. Huber）署理税务司
江海关（上海）	荣雅国（J. Jones）头等通事；葛灵霓（A. Kliene）二等验货（以上收集）；司登得（G. C. Stent）额外通事（兼制表）	（此项无记录）
浙海关（宁波）	萨普（Amous. Sharpe）头等验货	惠达（Francis W. White）海关税务司
闽海关（福州）	巴德（J. C. Porter）二等验货	吉罗福（Geo. B. Glover）海关税务司
淡水海关（淡水）	贾礼格（F. Gallagher）潮水测量员；吕谋（J. Dubois）三等验货	德善（E. De. Champs）海关税务司
打狗海关（打狗）	希士顿（R. Hastings）钤字手	连悌（R. J. Lent）帮办；哈扪德（J. L. Hammond）署理税务司
厦门海关（厦门）	茂莲（R. Moran）二等验货	休士（Geo. Hughes）海关税务司
潮海关（汕头）	汤乃克（R. J. Lrannack）二等验货；梁润池（Liang Yun-Chih）协助司秤	康发达（F. Kleinw Achter）海关税务司
粤海关（广州）	夏德（F. Hirth Ph. D.）海关职员；优阿（F. H. Ewer）头等验货	（此项无记录）
合计人	19	15

资料来源：Port Catalogues of the Chinese Customs Collection at the Austro-Hungarian Universal Exhibition, Vienna：1873.

1873年世博会音乐会场面

前期筹备工作为中国在维也纳世博会的成功展出奠定了基础。

根据文献记载，当时的中国展区受到极大的关注。展品极其丰富，其中包括小麦、虾皮、茶叶、冬菜、桂皮、八角、木耳、桑皮、地丁、甘草、藕粉、酒、莲子、砖茶、柿饼、花生、天花粉、桃仁、绿豆、枸杞、桂圆等食品、药物，樟脑、檀木、地花布、麻布、宣纸等特产，扇子、漆器、玉、景泰蓝、纸伞、轿子、细瓷器、铜壶、二弦、各种泥人等工艺品，以及农屋模型、制纸模型、制瓷模型、制糖模型等。各种展品都配有用途、价值和风俗文化的介绍。来自中国的各类食品、酒、布匹、民居、乘坐的轿子，以及各种绘有反映中国传统文化图案的扇子（如“水漫金山”、“八仙过海”、“王母蟠桃”、“天仙配”等），无不引起观众的兴趣。

1873年10月18日，世博会临近闭幕，皇室成员及当地社会名流应邀出席了中国参展团在维也纳歌剧院举办的盛大的音乐招待会，当地报界称这是当年最精彩的一场演出。招待会的成功为中国出展维也纳世博会画上了一个圆满的句号。赫德也因为当年的出色表现，被博览会组委会授予了荣誉军团司令的称号。

此后，在1873年至1905年间中国所参加的历次各类世界博览会，均由中国海关总税务司赫德主持承办。直到1905年，随着中国资本主义经济的发展和中国人觉悟的提高，清政府才从赫德手中收回承办权，由中国人自己承办世界博览会展览事务。

（二）中国展品的华丽亮相

1873年维也纳世界博览会从5月1日持续到10月31日，历时6个月，参观者达674万人。中国的参会代表团成员有：包腊、德璀琳、汉南、杜德维、葛德立等，当地报纸称“在包腊出色的组织下，中国展厅在各个方面都获得巨大成功。”

博览会有两个主题，一是精神层面，包括“理念的主权”、“好品位的培养”、“疗养术”、“艺术”、“儿童和妇女的教育”等，映射出当时的人们对提高教育、品位和生活质量的理想；二是物质层面，包括“食品生产的分配”、“村舍工业”、“交通运输的提高”、“机器能源的最大利用”、“森林的管理”、“矿产”、“工程”、“新化学”、“军队和海军”、“百姓的生活条件”等，生动反映了工业时代涌现大量工业产品及丰富原材料的现实世界。

博览会展出约26 000种展品，其中有远古时代的生活方式，如新石器时代的居所、器物，这方面来自中国和日本的炫目的器具给观众们留下了深刻印象。不过展览的重点是展示工业革命以来的成绩。如意大利展出一台巨大的最新铁路工程杰作，包括铁轨、信号及其他铁路设施甚至火车等；比利时人Zenobe Theophile Gramme在博览会会上展出发电机和电动机，是有史以来人类社会首次开发的电力能源工业产品。即使在艺术宫里也体现了创新的精神，如澳大利亚展示由机器制成的玻璃、瓷、陶、皮革、铁制等艺术品，具有相当的竞争力。日本的展品以其优美的线条和设计、精细的手艺和细节修饰而获得承认。会后，澳大利亚获得奖牌第一，日本则给西方各国留下深刻的印象。

中国方面，在博览会参展的中国展品有10年中国通商口岸贸易统计里包含的各类样品和标本，数量庞大、种类繁多。以津海关为例，展品有米、煤、玉、茶叶、樟脑、白糖、冬菜、烟丝、牛毛、毛毯、银鼠皮、白兔皮、火石、蒙古皮帽、各种泥人、轿车、胡琴、刀、触板船、捕鱼家具、祭器、灵牌等。再以江海关为例，参展品有铜条、钢、八角、犀角、蛇皮、松香、桐油、三白、青梅干、干贝、回布、地花布、草帽辫、纺绸、腰带、套裤、木鞋、针、茶壶、烟盒、沙船、景泰蓝盒子等。

各口岸海关还收集了来自不同阶层的中国民间展品。其中粤海关收到最多民间展品，其次是浙海关。粤海关送去的展品，其中有一位满族将军收藏的6套兵服和16件军旗，瑞记洋行的灯笼和一整套展示中国丝织过程的模型，丝绸商阿锦的各类丝织品，浙海关则送出包腊借到的领事斯焕收藏的中国鸟兽和从一个太平军首领苏王处拿到的雕刻屏风与嵌板，还有各种木雕家具、画框、鞋子、浙江省各地风物照片等。

在中国展区有一些海关职员的展出品，如九江海关税务司葛显礼送去一套79个皇家婚礼用的陶器；副监督熊蜜送出桂花、木耳、普洱茶、茶菇、蕲蛇、被面、巴缎等。

中国展品全方位地展示中国的经济状况和悠久的文化，“凡来观者，交口赞誉”，而“西人之所称道者，苏杭等处之绸缎居最。”海关税务司，极受优礼，税务司们注重自己形象，穿着特制的海关税务司服装，把海关制作的中国赴维也纳博览会参展展品目录和中国同上口岸十年贸易资料散发给各报、各学术团体和显要人物。他们还拜访了到中国展区参观并极赞中国展品的波兰国王，受到波兰君主的“优礼相接”。世博会闭幕前中国参展团举办的盛大的音乐招待会，也轰动一时，不同凡响，“维也纳歌剧院的所有明星都登台献艺，当地报界称这是当年最精彩的一场演出”。

1873年维也纳世博会中国展品一览表:

海关名	商品种类及数目*	凡　　例
山海关（牛庄）	15组 270号展品	煤、小麦、虾皮、羊绒布、各种铁器、斗、炻、角器、油纸、风车、河内牛船、平房等
津海关（天津）	25组 225号	米、煤、玉、茶叶、樟脑、白糖、冬菜、烟丝、牛毛、毛毯、银鼠皮、白兔皮、火石、蒙古皮帽、各种泥人、轿车、胡琴、刀、舢板船、祭器等
东海关（烟台）	6组 347号	煤炭、桂皮、八角、木耳、桑皮、地丁、甘草、麦子、高粱穗、豆油、柿饼、烟丝、草帽辫、土布等
江汉海关（汉口）	14组 527号	黑砖茶、生铜、烟煤、莲子、狗皮、檀木、桃仁、玉竹、藕粉、酒、各色布、花瓶、茶碗、观音、八仙、油纸、马车、剃头担等
九江海关（九江）	8组 99号	煤、宝珠、毛茶、肥皂、砖茶、烟丝、夏布、花盆、酒壶、茶壶、宣纸、白松尖、碎器箱等
镇江海关（镇江）	7组 113号	米、绿豆、花生、天花粉、牛油、柿饼、棉花、绸子、扇子、纸、风箱、划艇、兔子、野鸡、古玩、扬州漆器等
江海关（上海）	16组 2029号	铜条、钢、常熟白木、八角、犀角、蛇皮、松香、桐油、三白、青梅干、干贝、回布、地花布、草帽辫、纺绸、腰带、套裤、木鞋、针、茶壶、烟盒、沙船、景泰蓝盒子等
浙海关（宁波）	12组 323号	煤炭、玉果、米、红木、枸杞、茶花、烧酒、鱼肚、咸鱼、虾皮、棉花、土布、铜壶、细瓷、纸扇、油纸、皮鼓等
闽海关（福州）	16组 127号	煤炭、寿山石、玉果、米、红木、枸杞、茶花、烧酒、鱼肚、咸鱼、虾皮、棉花、土布、铜壶、细瓷、纸扇、油纸、皮鼓等
淡水海关（淡水）	9组 35号	土煤、米谷、茶叶、药材、樟脑、赤糖、麻布、水磨、捉鼠笼、红头艇等
打狗海关（打狗）	9组 71号	乌麻、白麻、贡白糖、红米、楠板、乌麻油、烟叶、草花、渔船、农屋（模型）、制糖厂（模型）等
厦门海关（厦门）	12组 181号	米、白胡椒、木香、槟榔、鱼皮、各式茶如小种茶、包装茶、德记茶、香、白糖、麻袋布、细瓷器、纸雨伞、上等纸、桂圆、丝棉布、角器、二弦等
潮海关（汕头）	7组 80号	药材、米、茶叶、牛角、海马、花生油、茹粉、漆、三烧、醋、鱿鱼、棉花、铁器、扇纸、制纸模型、制瓷模型、制糖模型、夏布模型等
粤海关（广州）	13组 893号	洋锡、牛黄、玳瑁、檀香木、乌木、海菜、各种上等燕窝、黑鱼翅、玉石、茶、八角、竹器、象牙器、漆、陈皮、莲子、三七、雌黄、胭脂、糖、土布、皮器、木器、铁器、纸、鼓等
合　计	169组 5320号	

资料来源：Port Catalogues of the Chinese Customs Collection at the Austro-Hungarian Universal Exhibition, Vienna：1873.

（三） 勋章背后的意义

近代中国对维也纳博览会作出了很大的贡献，为此奥匈政府为汉南、包腊等颁发Iron Grown勋章，为德璀琳、杜德维等颁发Francis Joseph勋章，并“特以嵌宝十字架遥祝总税务司赫公，名为酬劳之常礼，而隐具敬中国之深意焉。”1874年11月维也纳世界博览会委员会又给中国海关筹办博览会的相关人员发了三种级别的勋章，以表彰他们对博览会付出的热忱和劳动。

就博览会筹备到参加到最后的结果看，这次博览会是较为成功的，但这是谁的成功呢？不是晚清政府的，也不是清代商人的，它是赫德和以他为首的海关洋员的，是洋人控制的旧中国海关的。它对中华民族来说是不是一种成功呢？对中国的影响又有哪些呢？

其一，对海关来说，中国在维也纳世博会上的展览是成功的。海关承办博览会事务的能力得到肯定，使清政府感到满意，获得清廷的赞赏，因此总理衙门对后来的各国邀请参加世界博览会的照会基本上都应接下来，由此奠定了承办世博会的基础。中国海关在经办事务中，积累了经验，并形成海关承担各届中国参展博览会事务的形式与方法。为以后的博览会事业提供范例，比如1905年商部出台的《商部新订出洋赴赛章程》中的一些内容就是沿袭此次世博会章程而制定的。

其二，客观上，此次世界博览会把中国推向世界，对帮助世界更好地了解中国人的生活和中国文化起了很大的作用。中国人的衣食住行和中华悠久文化通过展品及展品说明展现在世界面前，中国的各类主食副食如大米、小麦、高粱、粉丝等；喝的各种酒和饮料如烧酒、黄酒、功夫茶等；穿的各色布，住的土砖房，坐的轿车、敞车、驮轿等，以及附有各种绘着反映中国传统文化的插图并附详细说明的扇子无不引起公众对中国的强烈兴趣。通过世界博览会，中国走向世界，世界了解中国。此次博览会是中国与世界全面接触的开始。

此次世博会，对于中国民族工商业的发展虽没有直接的促进作用，但世博会的参展必然引起中国人的反省，在一定程度上开始激发中国人的商业意识和民族意识，感受从欧美扑面而来的激烈竞争的商战气氛。

总之，中国海关洋员承办的世界博览会中国展览事宜一开始就具有两面性，一方面，把中华悠久传统文化展示给西方社会，起到弘扬中华优秀文化的作用。另一方面，从海关洋员的角度挑选展品，只是代表西方人的想法和观念，部分展品没有起到交流

的作用，反而暴露中国落后丑陋的一面，丑化了中国在国际上的形象。

但是无论如何，在此后不少于29次的国际博览会上，中国都或多或少有参与行动，这对中国走向世界，了解世界，产生了一定的积极作用。

三、1876年费城世博会——李圭的见证

1876年的费城世界博览会，是美国为庆祝独立100周年而特意举办的，史称“美国独立百年展览会”。当时，清政府派了一位中国工商业代表人物李圭去美国参展。虽然他是中国代表团中唯一的一个中国人，但毕竟这是中国人第一次正式涉足世界博览会。

自1851年英国伦敦首届世界博览会后，各国参会都由其海关税务机关办理，而中

李圭的见证

国因海关税务概由外国人“代办”，所以代表中国参加世博会的都是外国人。毕竟是中国参展，从主管到帮办统统是大鼻子的外国人实在说不过去，于是，在宁波海关任职的李圭，得以成为中国展览团的一员。这样，李圭这个本来名不见经传的小人物，因为偶然的机遇，成为中国参加世博会第一人。

李圭，江宁（现南京）人，原任宁波海关文牍。1876年（光绪二年）5月13日，李圭带着一名翻译和中国馆的另一名聘来的工作人员——美国人鼎达乘船离开上海，经日本，约一个月后到达美国加利福尼亚的旧金山，然后从这里改乘火车抵达费城参加了世博会。博览会结束后，李圭又游历欧洲各国，回国后于1877年写下了《环游地球新录》，介绍环游世界的情况，尤其是翔实地介绍了费城世博会的盛况，使中国人第一次比较真切地走进世博会。

当时，李鸿章是“洋务派”首领，对中国参加世博会持支持态度。他特为此书作序，云：“江宁李圭以东海关税务司德君，璀琳国家者，甚远且大，又岂仅一名一物为足，互资考镜也。”

费城世博会，包括中国在内共有37个国家参加。据李圭书中记载，博览会盛况空前，场面宏大，激动人心，展出物品丰富多彩，使观光者大开眼界。博览会设“总院”（即主展厅），分各国展区；另外专设“机器院”、“绘画石刻院”、“耕种院”等。

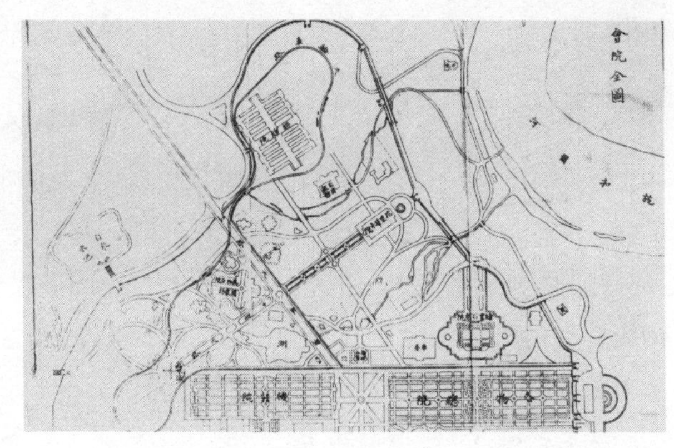

李圭《环游世界新录》一书所附费城世博会会场平面图

世博会上的中国馆，木质大牌楼，上书“大清国”三字。门楼上的横额、对联均由李圭拟定，横额为“物华天宝”，对联曰“集十八省大观，天工可夺；庆一百年盛会，友谊斯敦”。

中国馆“陈物之地，小于日本，颇不敷用”，但备受世界各国观众瞩目。中国参展物品共720箱，价值约20万两白银。其中各种土特产与手工艺品，包括丝、茶、瓷器、绸货、雕花器、景泰蓝等，在世博会上大受好评。

李圭在这次世博会上，既看到了西方国家精美的展品，也了解到世界对中国商品的需求。像丝绸、茶叶的加工方法，瓷器、雕花、景泰蓝的出口量以及其他产品在世界市场的前景，这些都因博览会的交流而胸中有数了。

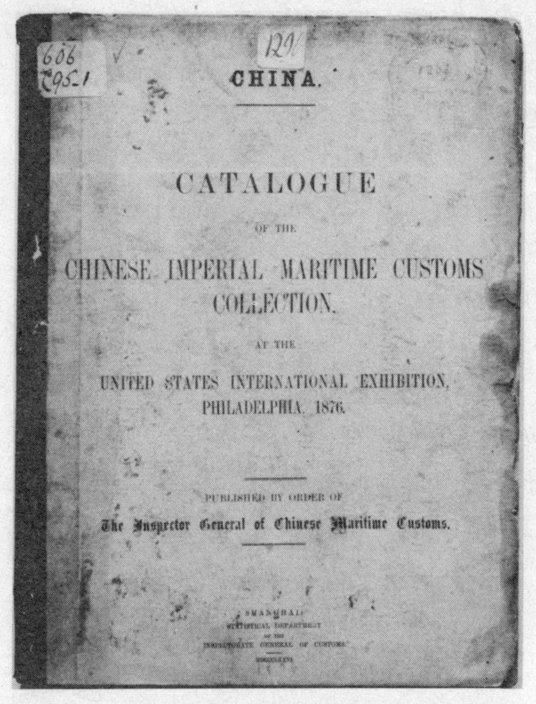
CHINA.

CATALOGUE

OF THE

CHINESE IMPERIAL MARITIME CUSTOMS

COLLECTION.

AT THE

UNITED STATES INTERNATIONAL EXHIBITION,

PHILADELPHIA, 1876.

PUBLISHED BY ORDER OF

The Inspector General of Chinese Maritime Customs.

SHANGHAI:

STATISTICAL DEPARTMENT

OF THE

INSPECTORATE GENERAL OF CUSTOMS.

《1876年费城世博会中国展品目录》封面

李圭大发感慨：法国举办下一届博览会，若中国派商界代表参加，置货必有把握，不会像我一样凭空揣疑。当然，中国要在世界贸易中占有光荣的一席，则不仅只是靠传统的土特产与手工制品，而要大力发展近代工商业了。

在费城世博会上，美国馆还特别为中国代表团的到来，展出了康涅狄格州州立图书馆馆藏的中国留学生的笔记作业，包括绘画、地图、数学、自然等各门功课，所写的文章有游美记、风俗记等，这些文章都是用中英文对照写的，令李圭激动不已。

李圭借这次参加费城博览会的机会，还顺道参观了美国华盛顿和纽约、英国伦敦、法国巴黎，后取道里昂、马赛，过地中海、红海、印度洋，最后返回上海，历时9个月，行程8万里。其《环游地球新录》一书向中国人展示了一个全新的世界，顺应了中国走向世界、变革传统社会的历史潮流。就李圭而言，开了眼界，长了见识，破天荒地代表中国同西方国家进行了工商贸交流，开创了有中国人亲自参加世博会的先例。

这是中国人“睁眼看世界”中的一个重要历史事件，“泰西物产之丰，国力之强”深深地打动第一批不再坐而论道、而是起而拯救的中国人。

四、1878年巴黎世博会——郭嵩焘、黎庶昌、马建忠的感叹

1878年的巴黎国际博览会上，中国展团共获奖103项，包括金奖6个、银奖29个、铜奖29个、鼓励奖39个。其中三分之二的获奖展品是由海关选送的。博览会组委会向

出使巴黎的中国官员

赫德授予了荣誉军团司令的称号，金登干等其他海关税务司被授予荣誉军团军官的称号。虽然中国海关洋员风光无限，但毕竟这些洋员参与世博会不是以为中国学习借鉴先进科技为目的。这一届的世博会，中国代表团仍与以往一样被海关洋员统管着，但世博会上还是出现了3个有影响的中国人，他们是真正从中国的利益出发、怀抱报国之志参与着世博会。

郭嵩焘是中国近代史上著名的政治家，也是清政府派往西方的第一任外交官。1876年，郭嵩焘从上海登船赴英出任驻英公使，开始了艰难的旅西历程，同时也开启了中西交流史的新篇章。1878年，郭嵩焘被清政府追加任命为出使法国的钦差大臣。时正值巴黎举办世博会，郭嵩焘对此非常重视，他亲自率员参加此届盛会的开幕式，参观中国的展览会所，会晤各国政要，忙得紧张而又充实。他还在日记中记下了自己的观感。

随郭嵩焘出使的官员中有一位名叫黎庶昌，他是晚清著名外交家、文学家，贵州遵义人，曾历任驻英、法、德、日四国参赞和驻日公使。1878年世博会期间，他正在巴黎，亲历了此次盛会，并写下《巴黎大会纪略》一文，详细描述了自己的观感。这是目前所知关于这届世博会最详尽的中文文献。值得一提的是，黎庶昌还登上氢气球，亲身体会了凌空飞升的惊险滋味，并详细记载了气球的形制和有关部件的大小、重量及使用方法。

当时在巴黎的还有一个叫马建忠的中国人，他是中国近代第一批改良主义者的重要代表之一，也是中国第一部较系统的语法著作《马氏文通》的作者。1870年，马建忠入李鸿章幕下办理洋务，1876年被派赴法国留学，在巴黎政治学院专攻国际法，兼任郭嵩焘和黎庶昌的翻译。马建忠在写给李鸿章的书信中介绍了巴黎世博会的情况及其意义，并提到中国参展、布置有"挂一漏万"之弊(《上李伯相言出洋工课书》)。

五、1889年巴黎世博会——张荫桓、陈季同的经历

在众多游历1889年巴黎世博会的中国人中，有一个叫张荫桓的中国人身份有点特殊。张荫桓是晚清外交界颇有影响的人物，曾任清政府出使美国、西班牙和秘鲁三国大臣。

1889年夏他在美国期间就曾专门研究过"法国赛会图"等相关文献，11月，张荫桓到达巴黎，在陈季同等陪同下参观"百货杂陈，目迷五色"的世博会，观看戏剧，欣赏马戏，会晤外国政要，忙得不亦乐乎。他最感兴趣的是这届世博会的标志物——埃菲尔铁塔，不仅在日记中详细描述了铁塔的构造，还亲自登上铁塔，一览巴黎风光，并和陈季同、周子玉等驻法官员一起兴致勃勃地吟诗助兴。他还购置了印有铁塔照片的明信片作为纪念，这套明信片正是世界上最早问世的摄影明信片，今天已成为难得一见的珍品。由于张荫桓的特殊身份，巴黎世博会的官员们还破例在雨夜为他表演了美丽壮观的灯光喷泉(张荫桓撰《三洲日记》，光绪二十二年京都刻本)。

陈季同，晚清杰出的外交官。1889年巴黎世博会期间，陈季同正在驻法参赞任上。当时有不少中国人慕名前往参观，以致法国报纸刊出这样的报道："大清官员凑份子前来参观埃菲尔铁塔。"这些人中有很多人从未离开过中国，也不会说任何欧洲语言，因此活跃的陈季同责无旁贷地充当了他们的向导，他为此自嘲："有一段时期，每天大部

铁塔下的感慨

分时间我都在博览会上，几乎成了参展商中间被展出最多的人。”（陈季同《巴黎印象记》）陈季同带领他们参观卢浮宫，攀上埃菲尔铁塔，观光百货公司，猎奇证券交易所，走进法国国家图书馆，目睹一份新闻日报的诞生过程，甚至坐上热气球，亲身体验一下“从来未曾有过的感觉”。世博会上琳琅满目的景象让人赞叹不已，为此，陈季同还专门写了一本书，讲述“巴黎万国博览会期间的奇异景象会使一个来自中央之国的人产生什么样的想法”。他在书中借一个同胞的口感慨：“巴黎是个大都市，但在巴黎之内还有一个更大的城市，即所谓的万国博览会。”

巴黎世博会期间，陈季同还不忘发挥自己的特长，发表了多场演讲。他用生动而富有幽默情趣的语言，将一个理想化的“文化中国”形象地传达给西方公众。陈季同口若悬河、妙语连珠的演讲，使罗曼·罗兰都惊呆了，这位法国文豪在日记中不乏“嫉妒”地写道：“他身着紫袍，高雅地端坐在椅上，年轻饱满的面庞充溢着幸福……他的演讲妙趣横生，非常之法国化，却更具中国味，这是一个高等人和高级种族在讲演。”

六、1893年芝加哥世博会——洋人的劝言

19世纪90年代初期，洋人劝总署赴会，已多由强调商业竞争入手。1893年美国芝加哥世博会，当时清政府仍称之为芝加哥万国赛奇会，博览会驻华招商总办伊及哥劝总署言：“盖商货云集，互相比赛，则商务可由加增，由此可知各国所产与所需，以便本国之物择地而售，至买他国之物，亦可择其价廉而物美者也。”

洋人的劝言

当时，中国的丝、茶已渐失市场，所以又有劝言："盖彼此争强比赛，时为第一要务耳，……近日中国茶商减色，以致每年少获三十万两之数，……至今倘予挽回殊非易事，然美国赛会之设，诚关乎万国商务，中国通商可以使商业加倍兴隆，可以多得税收，印度土产、民数均不如中国，而商务较中国多三倍，……中国应鼓舞赴会。国家施恩将海关一年向内微抽少许，用助商民，则会中所列华产，自然有胜他邦，而中国商务亦必兴盛。"（外交档，各国赛会公会，01-27-2-2，各国邀请参与有关庆典纪念赛会年会，三月二十七日美国公使田贝函）

1893年美国芝加哥世博会中国村

中国村外景

小结

1873年的维也纳世博会，虽然中国展馆取得不小的成功，但那毕竟是外国人代表的中国团队。在中国人心中，让中国人自己代表中国团队才是真正意义上的成就。儒家教化下的中国志士向来以修齐治平为人生信条，匡护将倾大厦的勇敢使中国免于万劫不复的境地。因而，被迫参与的世博会反而成为最早清醒的中国人认识世界、改变中国的有利途径。所以，中国的有志之士，在此后的岁月中，无不擦亮了双眼，

1893年美国芝加哥世博会中国馆中国庙宇内

明确了心智，努力寻求、学习和实践中国人自己的世博之路。

张元济是中国知识分子中最热心参与世博会的第一人；商务印书馆是中国民间企业参与世博会的第一家；李鸿章是中国官方最热心参与世博会的第一人；盛宣怀、张謇、恽震等等，这些著名人士都与世博会结下了不解之缘。

他们都生活在不平静的时代里，他们都心怀祖国、渴望成长。他们也曾震撼过、感慨过，他们都认识到科技进步和世博会的重要性，也看到自己国家与发达国家的差距，他们不是没有痛心过、愤怒过，但是最终，他们还是坚定了自己的方向、自己的路，思索、学习、实践，就只为了一个梦想，那就是祖国的强大。

第二篇·推开门

1904~1949

1798年法国拿破仑首创博览会于巴黎，其初衷是与英国进行经济竞争。这种集政治、经济、科技、文化交流于一体的形式，不但激励了法国、英国的工业革命、技术革命和科学革命，而且很快被欧美各国所接受并加以推广。1851年英国在伦敦率先召开了第一个国际博览会"万国工业品大博览会"，历时5个月，充分体现了英国资本主义上升时期的勃勃生机和工业革命"求强"、"求新"、"求胜"的时代精神，也由此拉开了近代博览会的序幕。此后，区域的、一国的、"万国"的博览会相继召开，此起彼伏。

此时的中国晚清社会，从工业革命到经济发展，从技术创新到文明进步，都远不能与欧美各国相媲美。对博览会这一新事物，晚清政府尚不能完全接受，认识不到博览会的重要功用。但是随着近代思想开放、中西文化交流的演进，参加世界博览会已是大势所趋。

1784年2月，美国商人装备的"中国皇后号"商船首航中国，从此开始了中美之间的直接交往。当时清朝是个封建大帝国，它的对外关系的观点是"万国来朝"。因此物资上虽然是有进有出，人员上却是有来无往。正当清朝自我陶醉在"天朝物产丰盈，无所不有"的时候，美国已经开始工业革命，并且在世界各地为国内资本主义发展掠夺原料和开拓市场。鸦片战争后，清朝政府在闭关锁国政策上被迫步步退让，美国则以资本主义国际贸易原则要求其门户开放。因此贸易发展了，中国人除了华工和外交使节去美国外，商业人员还是来而不往。

19世纪的最后30年，美国在飞速发展的过程中，举办了1876年的费城博览会、1884年的新奥尔良的棉花博览会、1893年的芝加哥博览会。清朝政府对上述博览会采取了冷淡和低调的态度，而国内有识之士"既要促进中国商人参与中外贸易，又要防止列强对本国资源觊觎"的观念日渐成熟。

一、1904年圣路易斯世博会

中国首次以官方形式率商人正式参加的世博会是1904年美国圣·路易斯世博会。当时清政府相当重视参展，花巨资修建了具有浓郁民族风格的中国村和中国展馆，并派出了由溥伦和黄开甲分任正副团长的政府代表团出席开幕典礼。中国政府参加本次世博会共花费170万（龙元）。

此次参展被视为历史上中国政府首次正式参与世博会。

（一）圣路易斯世博会纪实

1803年前后，美国从法国拿破仑手中以1 500万美元的价格购买了路易斯安那——一块面积达210多万平方公里的广袤土地，使得当时美国领土在一夜之间几乎翻了一倍。这就是历史上有名的“路易斯安那购地”（The Louisiana Purchase），对于美国来说，这的确是值得纪念的伟大事件。1904年，美国同样投资1 500万美元在圣路易斯市举行世博会，隆重纪念从法国购买路易斯安那100周年。

这就是1904年圣路易斯世博会的由来。

这是一届给美国人留下深刻记忆的世博会。华纳公司的经典音乐片《相逢圣路易斯（Meet Me in St. Louis）》就是以此为背景，海明威在作品《我的老头儿》中，也提到本届世博会的赛马和骑师。

美国圣路易斯博览会于1904年4月30日隆重开幕，会期至12月1日，历时约7个月。美国广邀世界各国参加，其规模、形式都大于美国以往各届博览会，会场占地1 240亩。当举行开幕式时，到场的文武水陆官员及外国公使高官无数。“德国、法国、英国、意大利、英属锡兰（今斯里兰卡）、英属坎拿大（今加拿大）、日本、高丽（今朝鲜）、波斯（今伊朗）、墨西哥、秘鲁、阿根廷、尼加拉瓜等国家，都先后拨巨款、派员参

中国馆前的舞龙表演

参观世博会的各国儿童

加，并且勘定地方，“或建造仿古宫殿、或建造仿古离宫、或建造茶馆、或建造亭台、或环植花木”等，各争巧艺，各竞新式，千姿百态，各显其能，充分显示各国工业革命的成果、技术革命的先进、商业的繁荣、人文的进步。中国由黄开甲副监督带领员役建造了一座亭舍。“美国除满足各国用地需求外，特意开辟一块农田，……种植美国各处上等植物，如：五谷、菠萝、橘柚、烟叶、蔗、棉、小麦、芋艿、野草、荷兰豆、槐树、蛇卵草、沙窝窝等，分东西南北四区，各象征其本地所产，以便众览。”

本届世博会设有八个主题展馆：生产馆、综合工业馆、教育和社会学馆、电气馆、机械馆、运输馆、矿物学和冶金学馆、文理学科馆。在各个展馆里的陈列品不是小尺寸模型，而全是接近实景的农场、矿场、学校、火车、汽车等。各馆的展示对中产阶级或梦想成为中产阶级的参观者有很大的诱惑。

光绪三十年4月21日，美国圣路易斯博览会使各国人士相率游行，各国乐器无不具备，人们穿着各色衣服，光怪陆离，炫耀人目，其中中国人、日本人、俄罗斯人、土耳其人、波斯人、缅甸人、菲律宾人、埃及人、印度人、犹太人、波希米亚人、摩洛哥人、阿拉伯人、南美洲人、西班牙人、意大利人、南非人，人人各异，种种各异，呈一时盛观。博览会中有罗马教皇的书籍二卷十分珍贵，一卷为叙述希腊罗马时代的事件，一卷为叙述罗马教皇政变的史实。还有耶稣教最初的圣书一卷，有古图、古钱数种。古图详记古时土地道路与战事之疆域；古钱有罗马各代教皇肖像。

博览会期间召开各种会议：万国新闻记者会议、妇人总会同盟会议、国内教育会议、第四回万国齿术科会议、第五回万国电气会议、技艺及科学会议、万国律师及法律学会议、万国机械会议以及万国运输会议。

（二） 中国派员参加圣路易斯世博会

光绪二十八年六月（1902年7月），美国总理会务大臣巴礼德来到中国，要求觐见清朝光绪皇帝，为庆贺美国购得路易斯安那100周年，准备召开圣路易斯博览会，"聚集天下所有制造之物与百工技艺、土产矿务材木、海味珍品，为美国人素所大为羡慕者。"特别邀请"大清国大皇帝陛下御临斯会，并殷盼大皇帝谕饬贵国家大臣等随同前往"。随后，由外务部带领觐见，巴礼德当面向光绪皇帝发出邀请，并且得到皇上允准，届时简派大员前往助会。美国总理会务大臣巴礼德的这一外交举措，极大地推动了故步自封、对博览会持观望、犹疑态度的晚清政府，同时也为主张"实业救国"的官员、商人、有识之士能够顺利走出国门、到大洋彼岸看世界，疏通了道路，开辟了途径。

中国代表团在美合影，这是20世纪中国政府首次以官方率商人形式参加世博会

中国人在中国村前合影

光绪二十八年十二月初七日，外务部在为参加美国圣路易斯博览会的奏稿中这样写道："臣等伏查，泰西崇尚工商赛会之设，在罗致各国物产工艺，区分类别，排列会场，俾各国之人咸得，较其精良，用资模仿，实于通商之中隐寓劝工之意。闻美

溥伦贝子与世博会官员合影

中国代表团长溥伦贝子的寝宫

国此次散鲁伊斯赛会，其国家拨给该会巨款，以赞其成。各国均特派大员赴会，盖因此举与交涉邦交显有关系，而于商务尤为有益。中国物产甲于全球，徒以工艺未兴、商情涣散，比诸各国实有不逮。现当整饬庶政之时，适美国有此大会，亟应加意讲求，期于工商诸务有所裨益。曾询美国使臣康格，各国派往员数大率用正、副监督三人者居多。臣等公同商酌，所有正监督一员，应请特旨简派，此后一切赴会事宜，统归该员主持，仍俟开会届期，再行前往。至应派副监督，查有候选道黄开甲，才具干练，熟悉商情；东海关税务司美国人柯尔乐，精细妥实，在华多年均堪派充，随同正监督办理。该副监督等，应令先行前往，将度地建屋、陈设货物各事宜，预为经营布置。其赴会一切用款，所费不赀，亟应筹备，以资拨用。同日奉朱批：著派溥伦为正监督，余依议。”外务部官员的寥寥数语，从形势、邦交、商务到庶政、派员、经费，面面俱到，所论非同一般，深得光绪皇帝的赞同。大清国参加美国圣路易斯博览会的官员——正、副监督产生了。

溥伦，宣宗系，载治第四子，光绪七年袭贝子，二十年加贝勒衔。光绪三十年正月十八日率同随员，由北京起程赴美国圣路易斯博览会。溥伦肩负美国圣路易斯博览会正监督之职，不辱使命，代表大清国远赴美国，带着中华民族的传统工艺，也带着向世人学习的诚意，开通商务、增进邦交、深入考察、广泛学习。

1904年3月4日，溥伦携其随从离开京城，途经日本抵达美国首都华盛顿，受到美国总统的接见。

4月17日，溥伦贝子抵达旧金山。他的行程紧凑：抵达当天到哥伦比亚大剧院观赏表演，并且到华埠与华人见面；次日到中国会馆与绅商见面后出席酒宴，接着便前往华盛顿。旧金山华人因贝子的“速去”而“生憾”。4月22日，《中西日报》刊登了溥伦的照片，结果当天报纸很快售罄。为了满足那些“不得其玉照为憾者”，该报在次日将贝子的照片刊印小纸上随报附送。

6月初，溥伦贝子一行抵达圣路易斯博览会。由六千余块精美的手工木雕镶拼而成的京城王府，复制后在世博会场地上装配展出。在诸亚洲展馆中，中国东方式的建筑和传统文化都很受欢迎。而且，华商所带展品在美获得了较高评价，像茶叶、瓷器等都被抢购一空。

黄开甲，上海候选道。光绪二十九年闰五月初三日，带员役36人先期赴美国圣路易斯博览会，办理参展会场的房屋建筑工程，参展商品的陈列布置，并掌管参赛期间的经费开支等，直至美国圣路易斯博览会结束。

柯尔乐，美国人，“历任龙州、蒙自、思茅、拱北、东海等关税务司”。在总税务司赫德的特别推荐下，柯尔乐荣登赴美博览会副监督之职，办理中国赴会商品入关事宜，直至美国圣路易斯博览会结束。

中国村里活泼可爱的中国儿童的合影

梁诚，大清国出使美国大臣（光绪二十八年至三十三年任职），以清朝驻美大臣的身份，往来交涉于中美之间，沉着应变，遇事力争，为中国华商、华工合情合理地参加美国圣路易斯博览会做了大量的工作，交际与交涉异轨而同途，“在彼既不失敦请赴会之本旨，在我亦可收讲求商务之实效”，为中美两国关系交往的历史掀开了值得称颂的篇章。

此外，非常值得一提的是，孙中山先生也曾亲历此次世博会。

1904年8月18日，正在美国开展革命宣传的孙中山先生抵达圣路易斯，直至9月1日离开。世博会期间，孙中山与在美华侨黄三德前往游览参观。根据中华书局1991年出版的《孙中山年谱长编》中记载，孙中山先生这样评价圣路易斯世博会：“此会为新球开辟以来的一大会。”

（三）圣路易斯博览会上的中国商品

清朝延续中国几千年的封建统治，历来不重视商业，认为商业是末业，“重农抑商，重本抑末”。鸦片战争带来了列强的瓜分，也带来了从未有过的屈辱，方使有识之士认识到商务是强国的关键所在。上古之强在牧业，中古之强在农业，近世则强在商业。

中国寝宫展示

对于美国圣路易斯博览会，晚清政府给予了足够的重视，除派政府官员参加外，在直隶、山东、江苏、江西、湖南、湖北、四川、广东、浙江、安徽、福建11个省，筹集75万两库平银，作为参赛经费。

对于参赛的商品，由琼、粤、潮、闽、浙、杭州、江、金陵、芜湖、九江、江汉、宜昌、重庆、天津14关口出口，全部免税（共关平银12 964两4钱1厘）。如此这般，极大地鼓舞了各地官私商人，他们“或挟资前往专事考求，或办货同行兼图贸易”，十分踊跃。溥伦呈报的赴赛商人名单，就有王福泰等75人。上海南洋公学会按照全堂建置形式制成一具木质模型，送往美国博览会会场陈列，各国观赛者莫不称羡。北京工艺商局赴美博览会者共5人，赴赛商品发两次，商品以珐琅、地毯为大宗，兼有古玩、玉器、雕漆等物。

各省备办的商品有：江西景德镇订造的各种瓷器、徽州所产的金豆以及全红小瓷瓶、平金椅靠、锻靴、折绢画、竹葫芦、平金衣料、缎机、扣带、官帽、朝帽、缎、绒、绸、贡缎、金罗缎、库缎、摹本缎、棹帛、手帕、绣货、缎联、绣屏、牙雕柜子、金漆茶盆、金漆挂架、银烟盒、银叉、银针盒、银花瓶、银胡椒盅、银糖夹、银烟灰盒、银盐盅、银调羹、银五味架、银扣带、银茶瓶、银酒盅、银相片架、银糖盅、银牛奶壶、银大酒盅、雕云母壶、雕牙扇、金漆工夫箱、金漆莲花、古瓶、绣花屏、炉屏等。

上海茶磁公司准备了上等茶叶赴美博览会，经万国评议官、农学博士等会场督办、总办考验评论，各茶分数均在95以上，获得超等文凭，于是除会场零售外的茶叶，全部由美国白兰克公司购去，并订立销茶合约。广东程少卿，能织竹器物件，巧不可言，此次赴美博览会带有竹丝织造软帘及画图，引人争购。中国物产丰富，历史悠久，虽然没有工业革命的产品参加博览会，仅凭小农与家庭手工业的结合，湖北的茶叶、江西的瓷器、浙江的丝、茶等，在圣路易斯博览会获得头等赏牌9个，江宁的花缎、江西的夏布、四川的货物等，获得金牌9个，以及银牌3个，纪念牌11个，共计32个；中国政府及官员获得头等赏牌16个、金牌20个、银牌23个、铜牌12个、纪念牌5个。圣路易斯博览会颁给的“此项金牌系由美国铸币局监造，该牌并与赛会呈送美国总统之纪念牌相同。所有前特派大臣、赴会之各国皇帝、国君、总统、今赛会首事，亦系照此金牌一律呈递”。

艺术馆内的中国展品

应该特别提到的是，由美国女画师凯瑟琳·卡尔为慈禧太后所作的油画像，在圣路易斯博览会期间，由专人护送到美国，在美国国家画院正厅悬挂，供世人瞻仰。大清国太后圣容让洋人瞻仰，这一举动打破了中国几千年传统的封建礼教所奉行的妇女不能在大庭广众下抛头露面的习俗，创中国封建王朝之最。圣路易斯博览会闭幕后，驻美大臣梁诚将慈禧太后油画像赠与美国政府。

（四） 博览会带给晚清社会的震动

美国圣路易斯博览会于光绪三十年十月中旬闭幕。比之英、法、德、美等国“陆军赛有铁路所需各种物品，海军赛有战船所用各种物品，农务赛有耕耘灌溉收获各种物品，渔业赛有捕鱼养鱼各种物品，蚕丝赛有饲蚕缫丝织染各种物品，机器赛有制造大小机器各种物品”，大清国的手工制品太不足为重了。近数十年以来，欧美各国在工业上发明、商业上进步，由手工到机器，由家制到厂造，艺通乎神，技进乎道，如纺纱织布机，一天所出成品可与千百人手工操作的成品相比。愈竞争愈进化，愈进化愈竞争，优者胜，劣者败。而大清国，坚守千百年的封建王朝，处于闭关的世界之中，与外界无往来、无竞争，仅有的工业全靠手工，仅有的商业散而不合群。

美国圣路易斯博览会，这个世界大舞台，使晚清政府、官商人士接触到、看到大清国之外的一个更为广阔的世界。中西文化的交融，使这个世界大放异彩；中西文化的碰撞，新文化必然代替旧文化，新世界必然代替旧世界。

美国圣路易斯博览会对当时的晚清社会震动很大，反响也很强烈。其主要表现在：

1. 商民百姓。许多有识之士在论说国家、工业、商业时指出：“吾国亘古以来，以务农为本业，生计之纾绌，视岁收之丰歉。是以工商业之涨缩，常在客位而不在主位。故虽形衰落，犹不足以牵动社会之全体。”“竞争者进化之母。我国工商业无竞争故无进化也。”“至于今日，朝野上下，深知贫之足患而讲求实业者，始渐渐出现焉。”“文明人与野蛮人之别，在公共思想之有无，与未来观念之丰缺。而此两者之差异，则恒视生计之舒蹙以为差。管子曰：仓廪实而知礼节，衣食足而知荣辱。”

游客游走在中国馆前

更多的商家认识到：千金之裘非一狐之腋，万间之厦非一木之材。今日的世界是竞争的世界，商业是和平的战争，商兴则民富，民富则国强。商业无论巨细，都与国家有密切关系，而商人肩负着富强国家的责任。国人思想的进步、觉悟的提升，这是圣路易斯博览会给晚清社会带来的最可宝贵的收获。特别是华商在圣路易斯博览会上展现的商品获得较高评价，对华商是极大的鼓舞，增强了他们同心同力、振兴商务的信心。

2. 朝廷政府。圣路易斯博览会有力地推动了清末立宪运动。光绪三十年八月商部具奏，请派大员考察外埠商务，兼办闽、广农工、路矿事宜，并就各省议派商务议员制定章程，授予商务议员考察农工商务路矿应兴应革之责、改良土产生货滞销使之畅行、保护商人设立公司及出洋华商回华贸易、排解商人毫末争执之事、振兴各省商会、联络商情等权力。商部还以京城为首善之区，有提倡之责，劝办商会，选派司员，访觅明白事理的商人，开诚布公地劝告，使京城茶业、绸业、布业相继设立公司。而上海为商贾总汇之区，各行各业声气相通，措施亦很得力，大力宣传加以推广。商部同时奏定暂行矿务章程、公司注册试办章程、合资公司注册呈式、商标注册暂拟章程、商民回华保护章程、整顿出口土货等事宜。

晚清政府在政策上的变化，刺激了中国民族资产阶级上层人士，即官僚、地主、买办和官私商人投资工商业的积极性。各省竞开商会，争研商学，集众人之财力，谋兴实业，建公司，开工厂，把准备参加博览会积极备办商品的精神发扬光大。如：江苏创办通州沿海渔业公司、盐业公司；湖北在金沙州地方创设耀华（玻璃）公司；广西在桂林、梧州办工艺厂，织出新式花席百余种，文采可爱，物美价廉；山东济宁州办济渔垦务公司；顺天府工艺官局从日本购进织布机器，简捷易学，所织布匹，销售甚畅；广东绅董倡议集股设立工艺厂；江西景德镇创设瓷器公司，可制洋式瓷件，已运出洋并在上海开设分店销售；浙江在杭绍二郡创办卫生公司，设立冰厂，备有造冰、藏冰二种，兼行销售；四川设火柴厂；湖南在衡州府常宁县创设樟脑公司等。“1904年各省设立厂矿23家，1905年54家，1906年

1904年世博会上身着传统中国戏服的中国戏剧女角

64家，1907年50家，1908年52家，”中国民族资本主义工商业有了明显的发展。

此外还应特别强调，由于晚清政府对美国圣路易斯博览会的重视，各省地方（主要是东南各省）在“连年荒歉，征解异常繁难，加以战事、教案不断，各库已搜刮一空的情况下，仍极力腾挪，勉强凑银”，“有关国体，何敢漠视”，才使晚清政府为参加美国博览会筹集到足够多的经费。这其中加重百姓负担是毋庸置疑的，而在置办参赛商品及远赴美国参赛的过程中，某些官吏的挥霍滥用、腐败愚昧，也是不容忽视的，必然引起人们的不满和抨击，为社会所不齿。

也正是由美国圣路易斯博览会开始，晚清政府改变了以往单靠海关派员和拨款参加世界博览会的做法，这是晚清政府对参加国际博览会在认识上的进步和在规模上的扩大，这是不能不肯定的。

总之，晚清政府派员参加美国圣路易斯博览会，其派员品级之高、赴赛商人之多、赴赛经费之充足，都是中国历史上前所未有的。而在发展同世界其他国家的友好往来、扩大我国物产在世界各国的声誉、提高中国民族资本工商业的社会地位方面，也留下了深刻的痕迹。

二、清末国内商品赛会

鸦片战争以后，中国被逐步纳入世界资本主义经济体系，自然不可避免地受到当时风靡全球的世界博览会的影响。但由于当时中国经济落后，社会闭塞保守，清朝统治者对出洋参赛并不热心，大多委托税务司代办，展品也多以传统的农产品、手工制品为主，一般很少有产品获奖。进入20世纪以后，随着中国对外开放程度的加大和社会风气的转变，国人对商品博览会的态度也开始发生变化。

清末国内商品赛会是逐步举办的。先有四川、天津、武汉三地举办的省级商品赛会，经过数年准备，一次全国规模的商品赛会——南洋劝业会才在清朝灭亡前的一年举办，为日后民国举办的颇具规模和影响的西湖博览会奠定了基础。

（一）1906年成都“商业劝工会”

从1904年开始，成都、天津、北京等地先后成立“劝工陈列所”，是为近代商品赛会之先声。1906年3月10日，四川省第一次“商业劝工会”在成都青羊宫举行。该次展览会遵照国外博览会通例，按地域陈列展览品，参展产品分为“天产”和“制造”两门，共11类。赛会会期为1个月，赛后展品进行销售，得银2 817万余两。第一次“商业劝工会”取得良好效果，四川官绅遂决定以后每年春天例行举办，至1910年相继举办了5次。除成都以外，新繁、彭县、重庆等地也相继举办了一些小型的商品赛会。

（二）1906年天津“劝工展览会”

1903年直隶工艺总局成立，决定举办商品赛会以创新工艺。1905年，学部侍郎严修在其家乡天津的城隍庙，开办教育品陈列室，“陈列理化仪器，博物标本多种，纵人观览”。1906年10月7日，天津实习工场第一次“劝工展览会”在窑湾举行。参展产品均为实习工场所产，分为纺织、刺绣、制燧、烛皂等12科，各按性质归类陈列。展览会展期为5天，前3天是男游客入览，后2天是女游客入览，先后参观的人员约114万。12月5日，实习工场又在河北公园举办了第二次“劝工展览会”，展期延长为15天。两次展览会大大提高了实习工场知名度。除实习工场外，天津广仁学堂也在此间举办了一次“劝工展览会”，展出其生产的刺绣、缝纫等产品，展期5天，而且规定只准女子参观，算是中国展览会史上独具特色的一例。

（三）1909年武汉“劝业奖进会”

1909年10月，“劝业奖进会”在武汉平湖门外举行。这次展览会展期45天，会场占地几十亩，投入经费318万元。参加展览的主要是湖北行销的产品，分为天产、工艺、美术、教育、文物五大类，共几十个品种。另外还设立直隶、上海、湖南、宁波4馆和汉阳铁厂、陆军工厂、枪炮厂、实习工厂、劝工院等特别展览室。由于该会规模较大，花费较多，因而改变了以往免费参观的方式，而采取了向所有参观者收取3枚铜元入场费的方法，但这并未影响参观者的热情，赛会开幕当天就售出入场券一千余张，次日虽天降大雨，参观者仍达五千多人，这表明随着社会进步，民众观念也发生很大变化，人们已普遍将参加赛会作为增长见识、熟习技艺竞争的重要途径。

（四）1910年南京“南洋劝业会”

1910年在南京举办的南洋劝业会是近代中国第一次全国规模的博览会，它既是晚清社会趋新发展的结果，反过来也推动了晚清社会发展。南洋劝业会通过构建庞大而完整的筹备组织网络和进行民族主义的宣传动员，极大地增强了社会凝聚力。中西合璧的展馆建筑和注重社会趋新发展的展品征集体现了一种求新求发展的愿望。作为一项大型的社会公共活动，南洋劝业会不仅促进了南京市政建设，而且拓展了社会公共活动空间，使晚清市民社会得到一定程度的培育和发展。此外，南洋劝业会所进行的展品审查颁奖和品评研究也有利于促进社会经济发展。

但是，商品博览会毕竟是工业革命和商品经济相当发展的产物，它要求举办国有发达的工农业和开放的商品市场。反观20世纪初的中国，这些条件均不具备，经济上的匮乏、封闭，社会风气的闭塞、保守，都制约着南洋劝业会积极作用的发挥。

（五）1929年杭州“西湖博览会”

1927年南京国民政府成立后，曾一度提倡国货，试图以此来抵抗列强的经济侵略。1928年浙江省政府为提倡国货、奖励实业、振兴文化，决定筹办西湖博览会，以扭转财政困境。

博览会于1929年6月6日下午开幕，参加典礼的有孔祥熙、朱家骅、林森、蒋梦麟、蔡元培、张人杰以及来宾数百人，观众达10万余人。

西湖博览会共设八馆二所及三个特别陈列处，各馆均列有详细的《参观指南》，会场还设有商店百余所，展销各种产品，供宾客选购。

西湖博览会还设了一个评议部，负责对展出的全部产品进行评定，共评出特等奖248个、优等奖802个、一等奖240个、二等奖1 600个。

1929年的西湖博览会意义深远，对中国近代实业之发展影响重大。

三、1915年巴拿马太平洋世博会

1915年，巴拿马太平洋万国博览会在美国旧金山举行。这是对中国影响最大的一届世博会。

巴拿马万国博览会于2月22日正式开幕，至12月4日结束，持续近10个月之久，盛况空前、规模宏大。来自世界各地的参观者异常踊跃，平均每天参观人数最低者5万人，最高者达18万人。人们盛赞这次博览会“萃宇宙之精英，冶古今之文化，合黄白棕黑之人类，集哲人名儒之心血”，在世界贸易历史上有重要的地位。

（一） 巴拿马太平洋世博会纪实

1903年，美国与巴拿马政府签订条约，取得了在巴拿马开凿运河的权力，此运河开凿后将连接太平洋和大西洋。经过巴拿马人民的辛勤劳动，1914年8月运河成功通航，8月15日，美国军舰首航成功，此举使美国东西海岸的航线缩短了八千多海里，对美国军事、经济运输具有不可估量的价值。1915年巴拿马运河正式通航。早在运河通航以前，美国政府为了庆祝运河开凿成功，扩大运河影响，决定于运河通航后在美国旧金山举行盛大的“旧金山巴拿马太平洋博览会”。

（二） 中国参加巴拿马世博会

1911年前后，美国邀请世界各国参展巴拿马世博会，当时中国社会正处于政治动荡期。参展世博会属于政府行为，对于政局动荡的中国，美国没有放弃，不过没有单纯采用政府外交的方式来邀请中国参展。毕竟，对于中国参展1915年巴拿马世博会的主权代表，1911年的美国政府并不能确定。美国政府确定的是，他们需要中国这个东方大国来参展巴拿马世博会。 美国政府于1913年5月2日承认袁世凯北京政府，是列强中最早承认中华民国的国家，因此对当时的中美关系比较重视。

1. 美国人来华游说

1914年3月，美国派劝导员爱旦穆到中国进行宣传，游说中国派代表团参加。

爱旦穆于3月26日抵上海，4月4日得到袁世凯召见。虽说当时国内政局动荡，南北纷争，北京政府还是将此事作为中国走向国际舞台的一件大事。袁世凯责成农商部全权办理此事。为此，农商部专门成立了筹备巴拿马赛会事务局，各省相应成立筹备巴拿马赛会出口协会，制定征集物品章程。征集物品大致分为教育、工矿、农业、食品、工艺美术、园艺等，征集的范围从大的工矿企业、学校、机关直到普通农民。为了奖励各地征集人员的积极性，事务局还特地颁发了《办理各处赴美赛会人员奖励章程》，规定“凡各处办理出品人员征集出品赴美能得到美国大奖章3种以上，由本局呈报农商部转呈大总统分别核给各等勋章，能得金牌10种以上或银牌20种以上、铜牌40种以上、奖词50种以上者，由本局呈请农商部分别给各项褒奖以示奖励”。“凡办理出品人员赴美赛如能改良国际商品、倡导海外贸易确有成绩著述者，由本局查实呈请农商部转呈大总统核奖各等勋章”。

此外，罗伯特·大莱（Robert Dollar），一位著名的美国商人，也曾为游说中国参加世博会出尽力量。

1911年底大莱到中国时正值辛亥革命时期，在当时政局混乱的情况下，次年2月他拜访了临时大总统孙中山，并得到承诺："一旦政权建立，政治走向正规，就将派团参加。"

在1912年上海商务总会的招待宴会上，大莱宣读了西美联合商会邀请中国商会组团访美和参加巴拿马博览会的信函，信中敦请中国商会组织一个50人的代表团访美。他还详细介绍了美方安排的中国实业团访美计划和巴拿马博览会的准备情况，表示美方"虽注重商业之发达，惟甚望国家感情益敦和好，永远无猜"。中国实业团访美"岂仅增进两国商务，实欲使彼此友谊日敦亲睦"，力邀中国商会组织代表团访美。

1914年和1915年之交，大莱来华时试图同袁世凯为首的北京政府联系，虽未能见到袁世凯本人，但拜访了政界要员黎元洪、梁士诒、张謇等，并与张謇就中国组织商会代表团访美一事进行了讨论。此外，上海、天津、汉口等这些有影响力的商会，也是他游说的对象。大莱等一批美国商人的游说对促成中国参展起到了牵线搭桥的作用。

2. 中国筹备参展

走过19世纪，中国结束了由外国人代表中国政府参展世博会的历史。进入20世纪，更多中国人的足迹踏入异域，更多中国人看到了世界。参展巴拿马世博会，中国可以委派中国人作为参展代表。代表政府的参展代表必须是精通博览会事务、熟悉国际事务的专门人才。因此工商部对参展代表的选拔提出了6项条件：一、通外国语言；二、有赛会经验；三、曾游历欧美；四、与外商接洽；五、有交际才能；六、识外交关系。符合选拔条件的不二人选是浙江青田人陈琪，其学识和阅历充分表明他定能胜任这一重要使命。

1913年6月28日，筹备巴拿马赛会事务局正式成立，陈琪任赴美赛会监督兼筹备巴拿马赛会事务局局长。美国方面对中国任命陈琪为中国参展代表，甚感满意，认为此人"思想开通，对博览会事务颇为熟悉，具有丰富的举办博览会的经验"。

陈琪上任后，作为中国出席巴拿马博览会展团的最高领导，他提出中国参加巴拿马世博会的十大目标：

一、恢复固有国产之名誉；二、扩张土产输出额；三、采外人嗜好改良输出品；四、比较各国改良大宗出产；五、诱起国民世界的企业心；六、研究运河开通商业大势变迁后国际贸易办法；七、循世界企业潮流确定吾国商业上之进行方略；八、乘机调查万国出产中与我国同类物品之竞胜办法；九、表示我国民商业道德，以植国际贸易之本源；十、联络美国共图太平洋之商业权。

对陈琪所阐述的中国参展的目的，博览会组织者也非常欣赏。有关档案反映，为商讨如何接待以陈琪为首的中国参展团，博览会组织者与美国政府有关部门，曾反复函电相商，以保证接待的规格和礼节。

参展巴拿马世博会，与1910年举办的南洋劝业会有一定的历史继承性。展品征集、人员组织等均以南洋劝业会为基础。如广东等地征集展品时，便是首先依照南洋劝业会获奖名册按图索骥，凡在南洋劝业会上获奖的商家，一律被敦请提供展品参加巴拿马世博会。

可以这样说，中国参展巴拿马世博会所取得的影响力与1910年成功举办南洋劝业会是分不开的。陈琪是中国近代不可多得的国际化博览会人才，他将筹办南洋劝业会的经验与成果进一步发扬，成功地向世界展示了中国。

为提高展品质量，事务局通令各省成立出品协会、各市成立物产会，协助筹备。1914年6月到7月间，事务局组织在广东、上海、天津、汉口四大城市举办了联合展览会，浙江、四川、河南等11省还自己组织物品展览会，全国掀起了地方性博览会的热潮。

这种地方性博览会的举行，突出了一批地方性优秀物产，敦促了地方对巴拿马世博会的参与，同时也加强了博览会在中国国内的交流功能。

事务局多次召开会议研究展品事项，对展品的制作和包装都提出新的要求。如茶叶，我国传统制茶业用手工制作，外商认为不够卫生，事务局要求各地改用机器制作，以保证卫生，并要求各地改进包装，用洋铁罐代替木箱和纸包。事务局还专门派人调查国际市场对丝织品的需求状况、流行款式，并购置样品，指定国内厂家改良生产。

通过种种措施，征集的展品相当丰富，集中了地方物产的精华。在各地展览会的基础上，事务局专门派出人员，根据《筹备巴拿马赛会出品检选规则》，认真甄选，严格取舍，共选出18省赴美赛会展品10万件，共1 800箱。

应该说，中国参赛的准备是充分的，无论物质准备还是思想准备都有一定基础，并注意克服过去历次参加博览会所出现的弊病。

（三） 精彩纷呈的中国展品

中国作为一个落后封闭的农业国，对外贸易主要是出口生产资料和原材料，出口

巴拿马世博会赴赛官员严智怡

方向主要是日本等亚洲地区和英、法等欧洲地区，因此中国有意在这次博览会上推销中国丰富的原材料和农产品，扩大对外贸易途径，提高中国产品形象，从而达到提高中国国际地位的目的。

旧金山巴拿马万国博览会定于1915年春开幕，但中国距美烟波万里，且所运物品数量庞大，类别繁复，到美国后尚要应付报关、点验、布置展场等诸多事项，因此1914年冬即出发。当时第一次世界大战开始不久，作为中立国的中国所受战争影响还不大，由美国太平洋邮船公司船只从上海装运，20来天后顺利抵达旧金山，由于准备充分，运输损失非常小。

在各国参展品陆续抵达目的地后，有约一个月的时间布置展览会场。除主办国美国以外的30个参赛国中，以中国和日本的参赛展品最多，因此都得到5万平方英尺（相当于5 400平方米）的场地。中国是一个积贫积弱的国家，虽然有意在此次赛会一显身手，但也只有24万美元的参赛经费，这些经费包括大宗场馆建筑、转运、陈列装饰、保险、报关、堆栈租赁等一切与参赛有关的支出。较之其他参赛国的参赛经费，日本61万、加拿大60. 5万、意大利40万、法国40万，我国的经费实在是少得可怜，甚至连古巴等小国都比我国经费多。但是以赴赛监督陈琪为首的四十多个工作人员没有气馁，他们精心设计，将中国展品分别陈列在8个馆，连同中国馆，共在9个馆展出，充分展示了中国展品的优势。

在美术馆内，以油画最盛，还有雕刻和各种美术印刷品。中国展品以旧画居多，有姜颖生的北国山水画、林琴南的画等，景泰蓝大狮一对及雕漆几案甚为出色。江苏出品的耶稣绣像，大为外人赞赏。此外，还有许多中国油画、水彩画、水晶、玛瑙、碧玉、象牙等。由于展品过多，一些美术品在工艺馆展出。

在工艺馆里，有中国景泰蓝、刺绣等物，也有北京泥人张的各种泥塑像，塑像栩栩如生，游人赞不绝口，展出不久即为外人订购一空。总之，中国的展品得到外人的嘉许。但也有人指出：中国画与西洋画比较，西洋画具光学之理，浓淡晦明，十分鲜明，中国画着色手法则不如人，中国画家应该向西画学习。

文艺馆展出印书报图表、文具、科学仪器、照相、乐器、建筑以及药学、化学等物品。中国的展品较少，商务印书馆和中华书局各种印刷品不错，受到欢迎，科学仪器中有贵州的乘方积木得奖。在这个馆里，德国以医药、化学、照相品为优；意大利以乐器为佳；美国的风琴、留声机、打字机、自来水笔很受欢迎。

工艺馆里的中国展品

在教育馆里，中国初等教育展品颇多，得奖者不少，不仅有沿海教育发达的学校，边远贵州的小学成绩也不弱。高等教育与赛各校，北京大学、清华大学得大奖，足以表示中国教育的进步。

在工艺及制造馆里，有北京普利呢革公司的出品和宝华楼所制的金银器皿。各省出品的饰具玩具以及金玉镶嵌等，在博览会上售出的极多。

在交通馆里，也显示出中国交通事业的进步。中国交通部参赛品有百余件，有铁路模型，招商局轮船模型，尤有特色者为黄河桥模型。在采矿冶金馆里，也陈列着中国汉阳铁厂的模型，以及制造钢铁的说明书。

在农业馆里，中国各省的茶、烟、棉、大豆、羊毛、鸭羽、谷、药材等为大宗。在食品馆，有中国的酿酒、渔业和罐头食品。

另外，还仿照中国传统宫廷建筑风格搭建了中华政府馆，分为正馆、东西偏馆、亭、塔、牌楼六部分，雕梁画栋，飞檐拱壁。

中国馆于1915年4月22日开幕，当天前来参观的就有1万多人。

当各国展览会场布置就绪开展后，主办国美国从各参赛国中聘请了500名审查员组成这次大赛的评委会。中国由于展品最多，也获得了16个评委席位。

审查分为三步，第一为分类审查，将参赛品分细类，如丝、茶、油、麻等各为一类，在分类审查中，中国产品获得头等大奖章十余枚，这主要是中国丝绸、茶叶的功劳。第二为分部审查，将参赛品分大部，如工艺部、教育部、食品部等，中国在这一轮比赛中头等大奖章已增加到三十余枚。最后为高等审查，具体由分类、分部审查长会同各参赛国赛会委员会代表组成专门审查组，经各国赴赛监督对某参赛品提出申请得奖说明，专门审查小组评定认可，再由最高审查长派定专员复勘，确定是否给予各等奖章。在这一轮中，中国又有所斩获，此时中国所获奖章位居各参赛国之冠。

在这次博览会上，中国展品大放异彩。

中国馆外景

中国政府馆内殿

中国向以丝绸、茶叶、瓷器等著称于世，在筹备参赛的日子中，对这几类特产倾注了特别的精力，因此在审查后丝绸类获大奖章5枚，茶叶7枚，瓷器1枚。当时在欧美市场上，印度、锡兰茶叶已有将中国茶叶取而代之之势，中国的丝绸出口也呈江河日下之象，在这次博览会上中国茶叶击败了印度茶叶，在茶叶类比赛中，多得了4枚大奖章，重塑了中国茶叶形象。

另外，东北的大豆、烟叶、羽毛，山东的丝、茧、油，北京的地毯、毛线、果脯，四川的白蜡、桐油，山西的麝香、动物毛皮，河南的牛羊皮，江苏的苏绣、棉纱、香粳，浙江的罗纺、绍酒、酱油、雕木，福建的海产品、角梳、樟脑、明矾，广东的乌木家具、素绣、草席、金银装饰等，都让参观者大为赞叹，中国展馆前常常是人头攒动、熙来攘往。

由于中国参赛品种类丰富，品质优良，赛会组织者为感谢中国参赛的厚意和表彰中国产品的优秀，特地定9月23日为“中国日”，并请当时在旧金山出席万国水利会议的中国驻美公使夏偕复到会种树刻碑留念。

参赛的最终结果，中国参展品获得各种大奖章56枚，金牌、银牌、铜牌、名誉奖章、奖词等共1 200余枚，在31个参展国中独占鳌头。特别值得一提的是，赛会结束后所有临时建筑的参赛场馆都要拆除，但中国政府馆由于其典雅华贵、超凡脱俗，与会评委们一致认为此馆完全能够代表东方宫室制度、建筑风格，给予中国馆头等大奖的殊荣，并决定在闭幕后不予拆除，而是移赠金门大公园，作为长久纪念。

具体得奖情况：

	大奖章	名誉优奖章	金牌奖	银牌奖	铜牌奖	奖词
中国政府馆	2	1	1	2	3	
教育馆	4	22	40	18	12	9
工艺馆	24	30	84	116	103	83
矿物馆	1	2	10	5		28
文艺馆	4	3	15	13	11	15
交通馆	1	2		3		
农业品	15	2	3	4	2	
农业品蚕事			4	9	3	3
农业品各农业试验场	1	1	14	24	4	5
农业品各协会商会商号	4	4	25	45	9	7
总计	56	67	196	239	147	150

1915年底，历时近10个月的巴拿马博览会降下帷幕。该次博览会参展国31个，展品20多万件，参观者达1 900余万人，其规模为以前各国博览会所未有。当时中国民众对参展巴拿马世博会所取得的影响力非常自豪，有诗为证：赛会巴拿马，中国实业家，山川兴地宝，云汉绚天葩，霹雳开河面，平和祝海牙，锦标夺归得，宏我大中华。

（四）博览会后的影响

此次参展，中国特产种类的丰富、品质的优良、工艺的精湛、价格的低廉都引起轰动，以致外国人评价中国为东方最富之国，更有人称为东方大梦初醒前途无量之国。正值第一次世界大战期间，欧洲战火蔓延，生产遭受严重打击，外货需求大增。美国作为欧洲传统贸易伙伴，瞄准了这一大好时机。

1926年美国费城世博会中国馆展示的中国神话人物白玉雕品

美国本土物资不能满足欧洲大量的需要，巴拿马运河的开通大大缩短了太平洋到大西洋的航程，使美国从中国进口物资转运欧洲方便快捷。因此，中国商品的成功，极大地符合美国的商业利益，从而在一定程度上促进了中美贸易交流。

博览会当年，纽约、旧金山等地银行、贸易行、大公司、丝厂等纷纷派代表来华考察商品生产情况，组织货源，准备销往欧洲，同时对于一些当地紧俏的产品如生丝等美国还提出改进意见。

1915年，中国对美国出口即较头一年增加6 000万美元，其中丝绸出口额14 000万美元，茶叶1 800万美元，桐油1 120万美元，多有较大提高。生丝和黄丝对美输出1913年为17 560担，1914年为15 870担，1915年增为26 817担，1916年为22 574担。产于甘肃、东三省、直隶、云南等地的地毯价廉物美，但不为外国人赏识，原每年出口额不过10万两白银，巴拿马博览会后，美国销路打开，销售额增加几乎10倍。

同时，由于第一次世界大战的影响，欧洲商品匮乏，中国商品在博览会的崛起，正好满足了一些国家的需求，如日本、俄国以及一些亚洲小国，增加了从中国的商品进口。

俄国1915年进口中国生丝1 930担，几乎是头一年198担的10倍，日本1914年是89担，次年一跃为1 540担。中国的茶叶出口在20世纪的头15年由于受印度等国茶叶的冲击，较清朝时已大为减少，平均为140万担，1915年增加30万担。动物皮毛的出口也大为增长，以牛皮为例，1913年、1914年出口量为40多万担，1915年猛增为400多万担。羊毛的出口额由1914年的6 658 962两增为11 128 652两。铁矿作为制造武器原料，在展会后大受欢迎，出口额在1915、1916年连年翻番。

《一九一五万国博览会游记》封面

可以说，中国作为一个落后的农业国家、一个原料输出国，巴拿马博览会为我国提供了一个绝好的对外贸易机会。中国产品在这儿得到宣扬和肯定，一些不为人知的特产得到世界上重要国家的认识，这次博览会在中国外贸史上有着重大的意义。

此次参展，除了获得国际声誉和贸易机会外，也使中国学习到一些先进的商贸知识，

1926年美国费城世博会中国馆入口。正中摆放孔子和其他中华名人肖像

参赛人员回来以后，即建议政府应学习外国的先进经验。

首先改革关税厘金征收方法，具体是鼓励出口，出口货物不征税或少征税。畅通国内商品流通，减少内地关卡，减免厘金，保护商品正常贸易，提高商人的积极性，以免通商利权为外国人把持。

其次，统一货币和度量衡。币制改革在1914年就提出，但一直未能有效进行。当时国内货币分不同地区、不同银行、不同材质，各币种换算困难、繁琐，大大妨碍各地商品交易，更莫说国际贸易了。从参展中组织者还切身感受到，中国商品规格尺寸的不统一，计量单位的混乱，不仅造成计算、包装、运输的困难，而且很不利于走向国际市场。因此，统一货币和度量衡、规范商品的质量标准等被提出。

还有美国组织者对整个赛会的管理和各项工作的条理性，也给参展者留下了深刻的印象，尽管认为其繁琐，但还是对现代社会管理制度有了初步认识。

总的说来，无论从得到的和学习到的，这次博览会都是中国打开对外贸易通道的一个良好契机，并且取得了一定的成绩。却无奈国人犹在梦中，浑浑噩噩。先是袁世凯的称帝闹剧，革命党人护国运动，后有上层人士争权夺利，军阀混战，自顾无暇，当然还有国际局势的转变，终致断送了刚刚呈现的贸易生机。

四、近代中国在世界展览会上地位的变迁

中国最初参加世界博览会时，也就是1873~1905年这段时期，由于清政府对世界博览会主观上认识不足，客观上缺乏知识经验，将参加世界博览会的权利委托给了海关。而当时的海关并不是一个保卫民族经济利益的机构，因此，中国在这一时期参展品种类别单一、陈旧，出品地区范围狭小，在世界博览会地位卑微，严重影响了中国的国际形象。

1905年列日世博会中国馆内庭

欽差大臣兼監督楊公小景

1905年列日世博会中国钦差大臣杨兆鋆

当时展品主要是外贸产品及消费品，对表现中国进步和文明程度的新产品，如自制军械品、新式交通工具等均未有征集展览，出品地区也仅限于开放口岸及南部一些省份，尽管1904年圣路易斯世博会给当时的中国带来强大的震撼，也出现了很多精彩的展示，但是仍不可忽略那些曾经出现的低劣展品，比如上海小脚妇人的雕像、泥工、苦力、娼妓、囚犯、乞丐、洋烟鬼等的小木人雕刻。

中国最初跨出国门参展的展品是陈旧落后的，这使得中国在世界博览会上蒙受诸多的屈辱和无奈。但中国毕竟走出了国门，并在亲身参加了世界的大聚会后知道了更为广泛的精彩和进步，这对于中国以后参展产生了深远影响。

19世纪末20世纪初，清政府面临亡国灭种的危机，于1901年开始推行新政。1904年，清政府又开始限制削弱海关的权力，由刚成立的商部接管了海关的商标注册权。之后政府出台《商部新订出洋赛会章程》，成为我国第一个由国家颁布的参加博览会的章程，它以法令的形式将世界博览会的参赛权收归商部，中国从此走上了官商自主参加世界博览会的道路。

此后，中国参与世界博览会的主动性增加，展品门类增多，出品地区拓宽。商部规定："赴赛之物必须选择精良"，"凡有害风教卫生各种不准赴赛"。且赴赛展品增加了关于军事、路政、宪政图片、图表及学校生徒工艺制造品的展出。中国的出品地区不再仅限于沿江沿海商口岸和东南一些省份了，已经扩展到了东北、西南等广大地区。从赛品的包装来看，外观色泽鲜明，并且张贴商标或挂标牌，赴会的物品有外国人不知其性质用途的，用译文说明。

1905年2月，列日世博会中国馆工程竣工合影

从1905年至1911年，这一时期，展品质量的提高，使中国在世界博览会中的地位和形象也大大改观。首先，获得的奖牌增多。以前中国参加世界博览会，茶、丝绸等传统产品均有获奖，但只是零星可见。而这一时期，尤其是1905年比利时世界博览会获头等金牌15面，银牌18面，铜牌2面，另外还有存记奖5张，共计得奖65项；1911年意大利万国博览会，中国展品获奖达256项，其中卓绝奖4名，超等奖58名，优等奖79名，金牌奖65名，银牌奖60名，铜牌奖17名，纪念奖6名。中国得奖的数量越来越多。其次，外国观会记者对中国的报道增多。中国在博览会上已受到重视。

清政府瓦解后，中国社会上掀起提倡实业、致力于实业、振兴实业的浪潮。实业界头面人物直接参与政事，参赛人员素质提高，这促使中国制定了参加世界博览会的明确目标，即赛会要求“考察世界大势之潮流，改良本国固有之产业”，“唤起一股国名商战之兴会”，这有利于促进国货的改进和抵制外货。

国有产品的改进大大提高了在世界博览会上中国展品的优势。博览会本身就像一个巨大的磁场，把众多原本分散的厂家、公司、商人汇集到一块。为了同外商争强比胜，中国工商界别无选择地站到一起，增强了团结合作的意识。国家对参加世界博览会越来越重视，通过建立多种筹备网络以进行积极充分的准备。

1926年美国费城世博会中国馆展示的中国精致瓷器

由于国民的共同努力，在1915年巴拿马世博会上，中国获

1926年美国费城世博会中国教育馆展位。展示中国五千年的教育文化

奖展品达到高峰，共得大奖章57枚，名誉奖74个，金牌258枚，银牌357枚，铜牌258枚，奖状227份，总计获奖1 211个，使中国优质国有产品蜚声海外。这一成绩，不仅在国内前所未有，且让世人震惊，有国外人士认为中国是“东方大梦初醒前途无量之国”。在国际博览会上，中国终于获得了令世界瞩目的地位。

到1926年美国费城世博会，中国除了展示传统的丝茶绣等产品外，在现代工业方面，也有了一些突破，印刷工艺、化妆品、革制品、电器、铜钢制品等展品都有参与。上海天厨味精厂的“佛手”牌味精、天津“红三角”牌烧碱在这届世博会上获得了金奖，这标志着中国在化学工业上的飞跃。

五、以茶知进退

“茶者，南方之嘉木也，一尺，二尺，乃至数十尺。其巴山峡川有两人合抱者，伐而掇之”。

这是《茶经》中一段很有名的序言，出自中国唐代中时期的“茶圣”陆羽之手。当时陆羽曾居住于湖北和浙江，即中国的中南部地区。茶的原产地为云南，位于中国的西南方。而茶树生长于中国的广东、福建等地，位于中国的南方。故统称其为南方之嘉木。

中国是世界上最早发现和种植茶叶的国家，茶和丝作为中国大宗出口的商品，在国际市场上一直享有盛誉。早在1851年首届世博会上，中国茶就因其品种齐全、品质卓越而被评委会大加赞赏。

当初，外国人拿着中国人的茶走进世博会，后来中国的洋人官员带着茶参与世博会，再后来中国人自己挑选优质茶进入世博会，茶已不仅仅是一份中国的展品，更可以成为中国人参与世博会的见证。茶带给中国的除了荣耀，还有鞭策，让有志的中国人看到了与世界先进水平的差距，从而决心寻求改变的途径。

比如，在1876年的费城世博会上，中国商人就是通过茶叶，不仅学习到了外国的先进理念，也了解了自身的落后与不足。

1926年美国费城市博会中国馆展示的各种中国传统茶品

中国的茶叶一直享誉中外，但在世博会上的销路却并不理想。很多外国参观者看了中国茶叶后却并不直接购买，而是写信到中国订购。中国的商人开始百思不得其解，经过再三询问，才恍然大悟。原来在博览会上展销的中国茶叶都是大箱散装的，质量等级分得也不严，这样零售起来既不方便，定价也不很合理。而外国人到中国订购时可以要求严格按质分装，并且要每磅茶叶装一小盒，再以若干盒装一大箱，这样既可减少损耗，零售起来也非常方便，获利自然丰厚。这种活生生的事例让中国商人懂得了，对于商品来说，除了注重质量以外，包装绝非是可以忽略的小事。

1926年美国费城世博会中国工业品展览摊位，展示的是传统的中国茶

到了1926年在美国费城举办的又一届世博会上，中国商人再次发现了自己的差距。

中国可算是茶叶大国，然而当时在美国茶叶市场上，中国茶还是被日本茶和英国的印度茶所排挤，甚至无立足之地。在费城博览会上，日本陈列茶叶的方式多种多样，不仅有茶叶成品及其包装的直接展示，还有用模型布置的种茶、采茶、家居饮茶的场景，更在会场最热闹的地方开设了茶馆，使前来参观的游客不但耳濡目染，还能亲口品尝。相形之下，中国的茶叶展示就显得黯然失色了。中国商人于是意识到自身宣传与销售手段的保守与落后，认识到需要改变的迫切性。

六、世博会上的中国丝绸

博览会是近代西方国家工业革命的产物，历来以展会规模巨大、展品门类繁多而备受关注。其中工业和贸易部类中，原料、产品和设备占了很大的比重。

丝绸是与茶齐名的历届世博会上最有名的中国展品，当中国与世博会第一次亲密接触的时候，也就是1851年，上海的荣记湖丝就已经崭露头角令西方人大为赞叹了。而在所有丝绸中，江苏丝绸以其精湛的工艺和华美的质感，在国外享有盛名，被誉为纺织物之皇后，是送展海外的首选产品。

（一） 1915年巴拿马世博会上的丝绸

1915年2月在旧金山举办的巴拿马博览会，是继1851年英国伦敦首次举办世界博览会后规模最大的一次博览会。

1914年2月初，江苏省长即行文各地商会，要求预作准备，函内特别指出："以巴拿马赛会出品，我国绸业及丝业关于世界贸易最为著名，然应提前筹备，会同办理。"苏州总商会于同月16日为征集丝绸展品参加巴拿马博览会，致函云锦、丝业两公所，并抄送省长原函。苏州丝、绸两业作出积极反应，精心挑选展品，并推举时任苏州总商会议董、杭恒宣纱缎庄业主杭筱轩为赴会代表。江苏省府对巴拿马博览会极为重视，先于1914年6月1日至30日在上海小南门陆家浜举行展品预展，并由农商部派员审查遴选。1915年2月21日，苏州总商会举行仪式欢送杭筱轩，杭氏成为苏州参加世博会活动第一人。

20世纪初，中国还是农业国，博览会展品以丝、茶、绸缎、陶瓷等农副业、手工业产品为大宗，仅厂丝是工业产品。江苏展品以丝类、绸类产品居多，展出之厂丝系上海（其时为上海县，归江苏省管辖）和无锡等二十余家缫丝厂所产。在巴拿马博览会上，经美国一些资深丝商评定，表示"极端之满意"，并认为"此次丝样在美国市场上为最优之丝，即置欧洲市场，亦当为最优之丝，与意大利相颉颃，非日本之所能望其项背。"日本自明治维新以后其蚕业初兴，对华丝急起直追，然在巴拿马博览会上日丝质量尚不敌江苏。评奖结果，江苏厂丝展品获大奖章1项、名誉奖章1项，其余悉为金牌奖，可谓皆大欢喜。

至于绸品的陈列如《江苏办理巴拿马赛会报告书》所言:“绸之陈列,以行为别,各行物品,互有不同。”也即是以各地绸行(庄)为送展单位,展出各自的特色产品。江苏省参展的绸品有薄绸、板绫、黑色素缎、摹本缎、漳绒、织锦、府绸、银素貂绒、文明纱等。外国同行对江苏绸品颇多赞赏,如对南京缎之评论为“颜色取其鲜艳,质地取其柔软”;称江宁织锦为“花色鲜妍,金纹艳丽,条分缕析,作领饰、袖饰、领带之用,最为美丽悦目”;称盛泽所产之素缎、纯经缎“皆为制衣服之佳料”;赞盛泽所产的薄绸和板绫为“丝织品中最佳之衣料”;褒扬苏州产的摹本缎为“花样悉仿外国最新花样织成,美丽悦目”。

但江苏绸品之弱点在于“门面之阔狭、丈尺之长短、物品之轻重、组织之粗细,苟有一焉!”也就是说规格极不统一,以致“少有出入,决不合于美人营业之习惯,而困难横生矣!”1915年前后,江苏全境尚无一家丝织工厂,此次绸行和纱缎庄送展的产品皆出自手工工场或机户,与欧美国家的工厂组织形式和电力织造工艺相距甚远。《报告书》惊呼:“若夫零星物品,西爪东鳞,陈列会场,即求销售,高抬价格,并冀获利,智识之浅,眼光之近,一至于此,无论海外贸易不能推广,国内贸易必为外人所夺而后已,比则思虑所及,惊忧无已者也。”《报告书》一面大声疾呼丝织行业进行改造,一面也充分估计到难度甚大。以盛泽丝织业为例,“然则欲将盛泽数千之机户,整齐而划一之,非有适当之规划,可靠之人才,丰富之资本,又岂易言哉!”

巴拿马博览会让我国丝绸业经营者开了眼界,起到振聋发聩的作用。不出数年,随着电力工业的发展,江苏境内先是上海、苏州,继及全省,形成较为健全的丝织工业体系。

巴拿马国际博览会是近代江苏丝绸产品参加并获奖最多的一次博览会。除大奖章2枚外,还得名誉奖章、金牌奖、银牌奖、铜牌奖数十项,得奖的展品有茧、丝、绸、缎、绉、锦、纺、漳绒、手帕和刺绣工艺品等,而受奖者则遍及全省各产地。

(二) 1920年纽约万国丝绸博览会

1916年,时为国际丝市的法国里昂举办货样展览会,苏州总商会亦转知有关丝、绸公所选样参加。

1920年10月,美国筹备翌年在纽约举办万国丝绸博览会(International Silk Show),来电邀请我国丝绸业界与会。江浙皖丝经同业总公会作出积极响应,即行筹

资1万两，并电请北京政府农商、财政两部拨款，给予经费补助。同时，在上海组成中国丝业代表团。代表团成员12名分别代表江苏丝厂业、东北柞蚕丝帮、山东灰丝帮和辑里湖丝帮。吴江县震泽镇辑里丝商、毕万茂丝经行少东毕康侯为正式代表。毕氏（其弟毕辅良时任中国驻美公使馆秘书）通晓英语，又熟悉蚕丝出口业务，可谓行家。他参加了万国丝绸博览会，并访问美、法、日三国用户，参观丝织工厂，心得颇多，返国后写成《访美日记》传世。

首届万国丝绸博览会上，我国丝业代表团除展出各类生丝产品外，无锡锦记丝厂还派出3名女工，作机器缫丝操作表演。

首届万国丝绸博览会之前，中国丝绸业界接到邀请书后委人翻译，译者仅将会名译为“万国丝茧博览会”，殊不知silk除了丝茧而外尚涵盖绸类产品。出于误解，我国绸业界人士竟无人与会，亦无绸类产品参展。待至布馆时才恍然大悟，然为时已晚，乃由中国驻纽约总领事四处奔波，向华商、华侨借用国产丝绸样品，装点门面。

1923年2月，美国拟在纽约续办第二次万国丝绸博览会。美国驻华商会秘书鲁维斯事先于1922年4月24日致函苏州总商会，诚邀参展，内云：“来春2月，美国将有全球丝绸博览会开会，想苏省亦产丝（绸）首都，锦缎秀服久已驰名中外，况明清皇族衣服多由苏省制造，是特专函请加入，以襄盛举。并请搜集各种花缎丝绸以及各种文武官员古装等品运往陈列，藉增历史上之纪念。”而上海总商会亦致函苏州总商会，检讨上届丝绸博览会因“时商匆促，准备欠周，而丝织品一部，先时又未注意，遂致国内竟无出品运往……盱衡往事，不无缺憾。”函末以“力图奋斗”，以期“突过从前之望”，彼此鼓励。

苏州总商会于1922年4月30日函告云锦公所和铁机公会，要求“搜集精品送交来会，俾便汇寄”。苏州丝绸厂商积极响应，其中纱缎同业公会有同盛、王义丰、沈常泰、陶泰丰、施和记、裕昌顺洽记、夏源号等厂商参加，送展纱、缎共36种；铁机丝织公会有振亚、经成、苏经、陆万昌、天孙、耀华、延龄、程裕源等厂商参加，送展机织绸缎38种。盛泽绸业公所送展各类纺绸。震泽和南浔的辑里丝帮合送生丝及丝经近30个品种。

万国丝绸博览会是专业性质的博览会，只进行观摩交流，不进行评奖，但苏州、盛泽的绸类产品，上海、无锡的厂丝以及震泽的辑里丝类产品，都受到好评。博览会同时也中肯地指出中国丝绸产品的不足之处，特别是手工缫制的辑里湖丝及丝经。

两次万国丝绸博览会后，震泽丝业界与美国、法国、意大利等用丝国的厂商建立了良好的贸易伙伴关系。1923年、1924年，美国丝业公会代表两度访问了震泽，考察当地的育蚕、缫丝和摇经加工业，并对震泽蚕丝业的改良提出了有益的建议。

(三) 1926年费城世博会上的丝绸

1926年，美国借独立150周年之际，在费城举办国际博览会，中国在受邀之列。我国已参加过数次世博会，积累了一些经验，事先作了较充分准备，并由官方和业界人士组成代表团。

20世纪20年代，日本生丝称霸于国际丝市，处心积虑地排挤华丝，在费城博览会上亦摆出恃强凌弱之势，图谋败坏中国生丝声誉。日本生丝公会及商社在该国政府支持下，官商合作，先声夺人，早在费城博览会开幕前一年就预先策划，大肆张扬，共耗资100余万美元。而我国财力支绌，经费仅及日方的1/20。

中国馆展示的中国生丝

费城博览会上，中国蚕丝类展品由上海丝茧总公所及无锡丝业公会共同征集布置，精选桑、蚕、茧标本及优等生丝，以期与日本抗衡。中日两国的丝茧及绸缎产品同展于第二馆。日方占地1万余平方英尺，为中方的10倍，装潢布置极尽豪华之能事，力求在气势上压倒中方。

绸缎、绣品陈列

按照这次博览会章程，每类展品只能评出一项大奖。日本自以为稳操胜券，颐指气使，傲慢自若，欲囊括所有大奖。在评议会上中国代表据理力争，陈述华丝之质优和近年来之改进。美方主席因惧日丝垄断美国市场，有意挫一挫日本的霸气，结果中日两国平分秋色，同获大奖。其中生丝大奖1项由无锡、上海、吴江、杭州、吴兴5家生丝厂商共得。绸缎大奖1项由上海老九纶绸缎局和美亚织绸厂、苏州振亚织物公司、吴江盛泽商会及杭州纬成公司5家共得。此外，上海中孚绢纺公司的绢织物、南京的织锦、常州的彩色绒线，分别获特别荣誉奖。

費城賽會觀感錄

惲　震

賽會緣起

一九二六年七月四日、爲美洲合衆國對英宣布獨立之一百五十週紀念、二三年前、早有在故都費城舉辦賽會之消息、由市政府主持經營、州政府及聯邦政府加以襄助、此議早經國會通過、並由大總統發布宣言、邀請各國政府參加、以美國物力之充盈、國庫之富厚、人人以爲此議不成則已、果其成也、則其規模之閎大、包羅之廣富、必將爲前史所無、處萬全而無一失、殊不知事實上有竟未必然者、賽會組織、由市長爲之長、地方紳商董其事、聯邦政府、祇司贊襄、對於內部進行、無權無責、故在名義上、費城賽會已不及巴拿瑪賽會之正大、費城有兩地址、適宜舉辦賽會、一偏西北、今爲公園、舊屬百年紀念之遺址、一當

恽震所著的《费城世博会》正文首页

第四篇 · 伸出手

1982~2008

中国曾参加过不少早期的世博会，但从1939年美国纽约世博会以后，由于种种原因，中国和世博会渐行渐远，有过一段分离的时期。1949年10月，中华人民共和国成立，1971年，中国恢复在联合国的合法席位，特别是1978年以后，中国实行对外开放政策，逐渐融入世界大家庭。从1982年美国诺科斯维尔世博会起，中国便以崭新的姿态重新回到世博会这个国际性盛会中。

回顾中国与世博会的牵手过程，从观望者到尝试者、参与者，再从分离到重逢，中国走过了不平凡的历程。中国每一次亮相世博会都浓缩了时代的痕迹。1982年的美国诺克斯维尔世博会是新中国首次参加的世博会，也是改革开放后中国在大型世界展览会上的首次亮相，这对中国而言是一次颇具深意的转折点。经历了多年风雨洗礼的中国在几十年后重返世博会舞台，预示着这条东方巨龙的苏醒。

一、诺克斯维尔世博会之中国印象

1982年5月1日，诺克斯维尔世博会在美国南部小城诺克斯维尔举行。这是一届典型的美国世博会，娱乐、美食、狂欢、购物、猎奇，这些20世纪80年代美国民众喜爱的生活内容都一一展现。但诺克斯维尔世博会最重要的意义则在于她选择了影响深远的主题：能源——世界的原动力。这届世博会的圆形会标象征着一个红色燃烧的火焰，体现了此届世博会以能源为主题的深刻含义。

（一）诺克斯维尔世博会之盛况

20世纪70年代，美国经历两次石油危机，能源问题一度成为全美上下关注的焦点。全球经历了数十年的能源短缺后，能源也是国际社会深切思考的问题。在准备了7年之后，世博会终于敲响了诺克斯维尔的大门，并使其经济迅速新生、快速发展。诺克斯维尔地区是美国能源研究的中心，著名的田纳西大学能源研究所坐落在此，与橡树岭国家原子能实验室和美国科学能源博物馆毗邻。主办者试图通过此次世博会对能源生产、利用、开发和管理等提出应对办法。时至今日，能源依然是最重大的全球命题之一，能源的竞争与维护几乎成了一切国际事务直接或间接的背景。

世博会夜景

为展现主题，世博园区建造

了一个5 000平方英尺的太阳能采集器，负责世博会建筑的空调和热水供应。大部分国家的展示都围绕"能源"展开，日本展出的电脑用几种语言来介绍与能源有关的课题，联邦德国展示了核反应堆的模型，沙特阿拉伯展示了巨大的太阳能采集器，美国的展览介绍了美国在能源研究、生产和节能方面所取得的成绩，参观者还可以发表自己对能源的看法。

当年诺克斯维尔世博会的参观人数超过人们的想象。开幕当天是个周末，从早晨8点40分开门，门外就已有几千名参观者等候。到中午，世博园区聚集了87 000多人，等待里根总统为世博会开幕。参加开幕式的还有第一夫人南希、美国国务卿、商务部长、农业部长和国际展览局官员。从5月1日至10月31日参观人次达到11 127 786，超过了1 100万人次的预计，是美国人气最旺的一届世博会。

（二） 诺克斯维尔世博会之精彩中国

新中国成立以后，特别是改革开放以来，世界对中国的瞩目也与日俱增。美国卡特政府时期，卡特总统和参议院多数党领袖贝克就向中国政府多次发出了邀请，要求中国参加此次诺克斯维尔世博会。后来的里根总统继续以政府的名义邀请中国参展。

那时，美国人民对中国当时的现状还不太了解，美国政府甚至不知道同中国哪个部门进行联系，后来是通过美国纽约中华总商会的会长应行久先生找到时任中国驻美国大使柴泽民先生，又由当时的国务院副总理万里出面，落实到中国贸促会负责此项工作。当得知中国确认参展世博会的消息后，美国政府和该届世博会的组织者都非常高兴，或者说是出乎意料地激动，可见他们当时对中国参展的期望和重视。

诺克斯维尔世博会的会场是利用当年废弃的一个火车站改建的，站台的候车室经过改装和修饰，成为世博会组织者的办公室。不过，车站前的铁路上还经常会有长长的货车经过。世博会会址上面的山坡，就是著名的田纳西州立大学。中国馆的建筑是由美国方面提供的，用今天的眼光看仿佛是一个大的集装箱盒子。内部的四面墙全是涂成黑色的瓦楞金属板，室内有空调和烟感喷淋。因为诺克斯维尔是一个丘陵地带的城市，地势不平，所以展馆的地面是将木板铺设在金属框架上，木板下是空的，上面铺有地毯，人走在上面都会感觉到地面的颤动。为了保证安全，运送展品的时候，工作人员在展馆木板地上又加铺了一层厚厚的木板。中国馆的外面立有一个大方塔，方塔上面是一个类似四角亭的双层帽梁。塔身四面的字体分别是红色中英文的"中国"。在中国馆入口处还有一个带着梁枋彩画的大门。方塔和大门设计制作的尺度都非常大，所以搭建的感觉非常气派。橘黄色琉璃瓦屋檐的颜色和红色柱子的形状，明显带有新中国十大建筑的特征。

中国馆外景

当时的世博会远没有现今的规模庞大，但是，中国此时面对的已非传统意义上展示发明创造的产品、商品的世博会。一个国家一个展馆，每个展馆的布置浓缩了这个国家的综合国力，展现着这个国家的风采，展示了这个国家对主题的理解和演绎。

初次亮相的新中国在中国馆的布置中，以工艺美术品为主，辅以新能源技术。因为是能源博览会，中国广大农村推广卫生能源的沼气炉就成为当时与主题最为贴切的展品。沼气池就建在中国馆的外面，同时还陈列有轻便、精致的太阳热水器、太阳灶、太阳能航标灯、太阳能电围栏、沼气利用等具有中国民族特色的能源技术。展厅内主要陈列中国的传统工艺品、轻工用品和纺织品。中国馆的布展和陈列手法仍然非常简单，是以方钢玻璃柜和木制展台的各种组合为主。玻璃柜中的小道具主要是玻璃支架、多宝格、尼龙丝吊挂和各色的尼龙纱作背景和衬布。展品有景泰蓝、瓷器、玉器、象牙雕等工艺品和轻工产品，以及由中国带去的10块真正的长城砖、西安出土的秦兵马俑和一辆战车，这些都是国宝级的文物。而在一幅气势磅礴的巨幅长城照片下面陈列长城砖和秦兵马俑更是独具匠心，中国馆博得了满堂彩。美国媒体评论说：“中国正在利用长城砖同1982年世博会的观众建立友谊。”

外国孩子在观看中国长城砖

此外，吸引美国观众的还有工艺美术师的现场表演。中国馆的馆内有一个八角亭，亭子里有从中国来的7位工艺美术师来表演技艺。当时制作表演的有中国画、内画壶、篆刻、瓷刻、绢花、绒绣、地毯等项目。每天络绎不绝的观众将表演区域围得水泄不通。好奇的美国人对神秘中国的认识愿望非常迫切，以至中国馆前排起了长长的等待参观的队伍。

8月2日至7日，世博会举行了“中国周”活动。3日中午，在世博会大圆形剧场，6 000个座位座无虚席。时任中国驻美大使柴泽民和贸促会副主任李永亭先生共同主持了活动。晚上还举办了600人的招待会。在两项活动中，美方官员出席的层次之高为参展各国所不及，中美的文艺团体各自表演了精彩的传统节目。

后来美国的报道说，当获悉中国馆确认参展的消息后，组委会就专门召开新闻发布会，称中国的参展是世博会筹备工作进展的里程碑。当年，在只有18万人口的诺克斯维尔市，半年的展出时间，参观世博会的人数达到了1 100多万人次。中国馆每天接待的观众近3万人，占世博会日参观观众总数的近四分之一。美国前总统卡特对中国馆的馆长说：“你们的展出取得了令人难以置信的成功，我为此感到高兴。”

二、牵手世博，跨越历史的风采

1982年诺克斯维尔世博会参展的国家并不多，主要是包括欧洲共同体的13个国家和美国、中国、韩国、日本、澳大利亚和秘鲁等共22个国家。这次世博会是新中国首次参加的世博会，也是改革开放后中国在大型国际展览会上的首次亮相，对中国来说这是颇具深意的转折点。

一直到2008年底，新中国共参加了12次世界博览会，并以东道主身份举办了1999年中国昆明园艺博览会。这12次世界博览会是：

1982年美国诺克斯维尔“能源——世界的原动力”世博会；

1984年美国新奥尔良“世界河流——水——生命的源泉”世博会；

1985年日本筑波“人类、居住、环境与科学技术”世博会；

1986年加拿大温哥华“交通与通讯——人类发展与未来”世博会；

1988年澳大利亚布里斯班“科技时代的业余生活”世博会；

1992年西班牙塞维利亚“发现的时代”世博会；

1992年意大利热那亚“船舶与海洋”世博会；

1993年韩国大田“新的起飞之路”世博会；

1998年葡萄牙里斯本“海洋——未来的财富”世博会；

2000年德国汉诺威“人类——自然——科技”世博会;

2005年日本爱知“自然的睿智”世博会;

2008年西班牙萨拉戈萨“水与可持续发展”世博会。

在1988年布里斯班世博会、1992年塞维利亚世博会和1993年大田世博会上,中国馆分别被评为“五星级展馆”和“最佳外国馆”。这对于改革开放后才只参加了5届世博会就站在了世博会最高领奖台上的中国而言,实属不易。中国对于现代世博会如何演绎主题的理解和认识也随着参展经验的丰富而越来越深刻和透彻。

以下对1984年至2008年的11届世博会进行简单的介绍。

(一)再接再厉,生命之水长流——1984年美国新奥尔良世界博览会

“世界河流——水——生命的源泉”,这是1984年美国新奥尔良世界博览会的主题。该世博会于5月12日在新奥尔良市开幕。新奥尔良市位于美国第一大河——密西西比河的出海口,是美国南方大港。

参加这次世博会的有25个国家。中国馆展出面积3 000平方米,主要介绍我国古代和现代水源开发及利用的情况和成就。

美国政府对中国参展相当重视。早在1982年3月,我驻美国使馆就收到了美国国务卿黑格代表里根总统签署的照会,邀请我国参加展出。美国此后还多次派人来华商谈参展事宜。1984年初,以新奥尔良市市长助理为首的代表团再次来华专访中国贸促会,并举行向即将赴美参展的中国馆馆长李兆离授予新奥尔良荣誉市民证书和赠送该市钥匙的仪式。

在世博会期间,世博会组织者为各参展国安排了国家周。中国馆的国家周活动为6月18日至22日。中国贸促会以郑鸿业副主任为团长的7人代表团专程赴新奥尔良主持了国家周活动。美国商务部部长鲍德里奇、我驻美大使章文晋、路易斯安那州州长爱德华特、新奥尔良市市长瑞尔等出席了活动周开幕式。美国政府特派员威曼宣读了里根总统贺词。

9月3日下午,布什副总统在应邀参加世博会举办的劳动节庆祝活动之后,参观了美国馆和中国馆。

9月10日下午,前总统吉米·卡特夫妇来到中国馆参观。9月15日上午,国务卿舒尔茨夫妇也来到中国馆参观。他们对水利部分特别感兴趣,很关注中国古代的水利设施如何为现代人所利用的问题。

(二) 联合筹展，展现科技成就——1985年日本筑波世博会

筑波科学技术世界博览会于1985年3月17日至9月16日在日本科学城筑波举办，是日本举办的第三次世界博览会，主题是“人类、居住、环境与科学技术”，主要目的是加强国际间科技交流与合作，反映21世纪科学技术的发展方向。46个国家和37个国际组织参加展出，日本各大公司组织了28个馆参展。展出期间共接待观众2 000万人次。

中国馆由国家科委和中国贸促会共同组织筹办。13个国务院部委、局和丝绸、医药保健、土畜产、工艺品共4个专业外贸公司参加展出。

展出内容分为两大部分: 第一部分是科学与技术，展出我国古代和现代的科学成就; 第二部分是文化与生活，展出具有我国民族特点的各种文化与生活方面的用品。展览面积1 600平方米。国家科委主任宋健率政府代表团赴日主持了中国馆馆日活动，湖北歌舞团亦赴会场进行文艺演出。日本裕仁天皇、中曾根首相等日本政界要人参观了中国馆。

(三) 运动风采，展馆备受青睐——1986年加拿大温哥华世博会

1986年加拿大交通通讯世界博览会于5月2日至10月13日在温哥华举行。

此次世博会以“交通与通讯——人类发展与未来”为主题，其宗旨是:“展示交通、通讯在社会、经济和技术方面的重要性; 为讨论、展示交通、通讯在世界范围内所取得的成就及其前景提供场所，让观众有机会体验由于交通、通讯技术发展所引起的生活方式变化; 激励各国利用现有的技术为本国服务，促进国际贸易、旅游和文化交流; 鼓励人们对未来交通通讯作出设想和制定长远计划，检验交通通讯的安全和效率以及给环境和经济带来的活力”。

中华门一角及游客观展中国馆

加拿大外交部部长直接参与领导组织工作。共有54个国家参展，接待观众1 650万人次。

中国馆展出面积为1 600平方米，与美国、苏联等国家馆处在会场的主要位置上。

展出内容分为两大部分：第一部分是科学与技术，展出我国古代和现代的科学成就；第二部分是文化与生活，展出具有我国民族特点的各种文化与生活方面的用品。日本裕仁天皇、中曾根首相等日本政界要人参观了中国馆

姚依林副总理率政府代表团赴加主持中国馆馆日活动。为配合馆日活动，东方歌舞团亦来温哥华进行文艺演出。此次参展，中国馆首次使用了声、光、电等现代科技手段增加展出效果。

(四) 环幕科技，吸引观众目光——1988年澳大利亚布里斯班世博会

应澳大利亚政府邀请，中国贸促会组织中国馆参加了1988年4月30日至10月30日在澳大利亚布里斯班市举行的世界博览会。

这次世博会是为庆祝澳大利亚建国200周年而举办的，是澳大利亚举行庆祝活动的主要项目。英国女王和许多国家的元首、政府首脑、部长等都在此期间访澳，出席其国庆活动并参观世博会，其中包括西班牙国王、意大利总统、日本首相、英国首相、泰国王子、尼泊尔王子等。

参加这次世博会的有36个国家以及欧洲共同体、联合国儿童基金会等国际组织，澳大利亚各州、大区也分别设馆参加展出。世博会的主题是“科技时代的业余生活”。展出内容涉及文娱、体育、旅游、文化传统、风土人情、环境美化和保护等。各国重点宣传本国的旅游文化及设施，以吸引各国游客，同时介绍提高人们生活品质的现代科学技术成果。在184天的展出期间，参观人次达1 800万，超过了澳大利亚全国人口总和。

中国馆占地面积为1 822平方米，位于世博会的中心地带。中国馆的门前搭建了一座古典式建筑的牌楼，成为世博会的亮点。中国馆内的360°环幕电影馆，放映《华夏掠影》。馆内展出了秦兵马俑和铜车马的复制品、长城砖、长城和天坛挂毯以及传统手工艺品。5位中国艺人在现场表演制作工艺品。

世博会开幕后，中国馆就成为广大观众向往的重点展馆。中国馆每天接待的观众络绎不绝，成为此次世博会中接待观众最多的馆，参观总人数超过500万，并被评为“五星级展馆”。

(五) 包容古今，品味硕果累累——1992年西班牙塞维利亚世博会

应西班牙政府邀请，中国贸促会代表国家参加了1992年4月20日至10月12日在西

班牙塞维利亚市举办的世界博览会。

这届世博会是为纪念哥伦布发现美洲新大陆500周年而举办的，主题是“发现的时代”。它在举办期间又恰逢在西班牙巴塞罗那举行第25届奥运会，两个全球性盛会同步进行。这届世博会成为世博会有史以来规模最大、水平最高的一次博览会。108个国家、23个国际组织、西班牙本国的17个大区参展，若干跨国公司单独设馆展出。整个世博会共有160个展馆，占地面积215公顷。展出期间，观众达4 100多万人次，创下世博会新纪录。

世博会规定，参展者应自筹资金建馆。各参展国、国际组织、跨国公司为展示形象、扩大宣传，投入巨资建造展馆和组织展出。特别是一些发达国家，可谓不惜重金。例如，法国馆占地2 500平方米，馆内铺设玻璃地板，晶莹透亮，上下相映。玻璃地板之下展示巴黎自中世纪至现代的城市风貌变迁的立体造型。法国馆还建造了20米深的“深井电影”装置，观看时仿佛乘坐飞船遨游于广袤的宇宙之中。法国馆建馆和布置展出的费用近1亿美元，为各国家馆之最。加拿大馆投资为4 000万美元，馆内放映超大屏幕和高清晰度电影，介绍加拿大在这个领域所取得的高新技术成果。其他主要国家的展馆建设投资分别为：日本馆6 500万美元、新西兰馆2 000万美元、澳大利亚馆1 800万美元。

中国馆的面积为2 800平方米，主题是“华夏文明”，主要展出中国古代科学技术、现代高科技成果、园林艺术等。古代科技展品中，有闻名于世的造纸、印刷、火药和指南针四大发明以及其他古代科技成就，如西汉浑天仪和东汉地震仪的模型、指南匙、指南车、指南龟、指南鱼以及秦兵马俑等。现代高科技展品中，有西昌火箭发射塔模型，长征2号、3号、4号和长征2号捆绑式火箭模型等。中国园林艺术则是通过布置一处小桥流水和亭台组合成的休憩场所体现的。手工艺品的展出，配合艺人的现场表演如双面绣、内画壶和石雕制作等赢得了观众的喝彩。环幕电影厅放映的360°影片《华夏风采》（共放映了1 874场）和展厅内组合幻灯片《锦绣中华》，深受欢迎。

在176天中，中国馆共接待了550万观众参观，成为参观人数最多的展馆之一，并被评为“五星级展馆”。

各国展馆都充分利用馆日活动的机会，由本国元首或政府领导人主持馆日活动，并派本国文艺团组配合演出以扩大影响。7月15日是中国馆的馆日，由国务院副总理田纪云率领的中国政府代表团专程到塞维利亚主持了馆日活动。

（六） 匠心独具，海上丝绸之路——1992年意大利热那亚世博会

1992年热那亚专业性世界博览会于5月15日至8月25日在意大利热那亚市圣乔治

宫举行。该世博会是意大利政府为纪念意大利著名航海家克里斯多夫·哥伦布发现美洲新大陆500周年而举办的。主题为“船舶与海洋”，旨在回顾人类航海的历史与发现，探讨当代航海技术的发展和展望未来的前景。展览展示了地理发现、海洋生物、环境保护、航海与造船技术。此次展览会被列为纪念哥伦布发现美洲500周年的重要活动之一。

参加本届博览会的共有48个国家和5个国际组织及3个非官方机构。5月15日在节日广场举行了隆重的开幕式，意大利代总统、参院议长斯帕多利尼出席并主持。

中国馆位于博览会主会场——棉花仓库的第一层2—3展区，分展示厅和购物中心两大部分，总面积为840平方米，共接待观众和游客150多万人次。

围绕“船舶与海洋”这一主题，中国馆以福建省泉州“海上丝绸之路”这一东方据点为主线，展示了15世纪前后中国与欧洲国家特别是意大利在海上通商、文化交流方面的历史。通过船模、图片、录像和幻灯，重点宣传介绍了我国悠久的历史文化和中国古代与现代的造船技术和航海技术，以及改革开放以来在航海造船业和其他经济建设方面取得的成就。

中国馆的主题是“中国的航海与发展”。展览分两大部分，古代部分主要展示了从宋代到明清的商船、渔船、运输船、战船和郑和宝船等古代帆船模型，同时还展示一艘我国13世纪建造的古代远洋木帆船模型及从该船舱内挖掘出的唐宋钱币、陶器瓷器、木牌木签、果核、贝壳、香料等，反映了宋元时期我国对外贸易的繁盛和中国古代先进的造船技术和辉煌的航海史。中国馆现代部分，展出了可承载2 700箱大型冷风集装箱船“柏林快航”号模型。

中国馆于7月10日举行馆日庆祝活动。我驻意大使李宝城与中国政府代表梁兴华共同主持。博览会意大利政府总代表本波拉特、博览会总经理、热那亚省督和当地政界、军界、文化和经济界重要人士以及各参展国政府代表等三百多人出席了馆日庆祝活动和招待会。

（七）航天技术，展现崭新实力——1993年韩国大田世博会

应韩国政府邀请，中国贸促会组织参加了1993年8月7日至11月7日在韩国大田市举办的世界博览会。这是1992年8月中韩两国建立外交关系后双方交流的一次大型活动。

大田世博会是第一次在发达国家以外举办的世界博览会，参加的国家108个，国际组织33个。

大田世博会占地90.1万平方米，由展示区和支援设施区两部分构成。韩国各界对此次世博会十分重视，视之为继1988年汉城奥运会后的又一次世界性盛事，并力图以此为契机，实现韩国经济的“第二次腾飞”。韩国总统金泳三和总理黄寅性分别出席开幕式和闭幕式。

在“新的起飞之路”主题之下，大田世博会荟萃了世界各国的传统技术和现代科技成果。工业发达国家以高科技见长，发展中国家则以传统文化和工艺见优。展出内容包括新一代交通工具、宇航技术、电子通讯技术、环境保护新科技成果、机器人资源、新材料的开发及新能源、替代能源研究的最新成果和传统工艺技术等。在航空航天领域，世博会展示了探索宇宙奥秘的工具，其中有美国的航天飞机、俄罗斯的宇宙空间站模型和我国的运载火箭、卫星模型及三级运载火箭发射动态演示模型。在交通方面，有韩国的磁浮列车、德国的太阳能汽车和法国的高速列车模型。在通讯领域，有日本的高保真电视机和先进的电脑以及韩国的彩色影像电话机等。在环境保护方面，有英国和瑞士的最新研究成果。在传统工艺技术领域，泰国、斯里兰卡、秘鲁等国向观众展示了珠宝和工艺品等。

此次世博会历时93天，共接待观众1 400万人次（外国观众67万人次）。为配合展出，世博会期间举办了2 300多场科技和文化活动。

中国馆以浓郁的民族格调为主线，巧妙地将悠久灿烂的中国传统文化与现代科技成果融为一体，设计独树一帜，展品丰富多彩，既紧扣世博会主题，又颇具针对性。中国馆前的中华门高8米、宽16米，成为世博会中的一大景观。

中国馆外景

围绕“蓬勃发展的中华科技”的主题，中国馆展出了中国古代和现代航天科技、水利资源开发和利用、传统文化及民族工艺等。进入中国馆大门便可看见一幅巨型长城挂毯（10×20英尺），随后依次是长江三峡工程模型、多屏幕组合电视（播放反映我国建设成就、中华风情的录像片）、象限仪、浑天仪、记限仪、火龙出水、神火箭屏、一窝蜂、神火飞鸦、震天雷、石刻天文图、高鲁动物星座图、长征系列运载火箭模型（6枚）、3级火箭工作原理动态演示模型、西昌卫星发射中心发射运载火箭并将卫星送入太空的动态演示模型、百龙巨型石砚、巨型毛笔及文房四宝、中国传统手工艺品现场制作表演等。还有环幕电影馆，放映电影《华夏风采》。

中国馆不仅受到韩国观众欢迎，而且为世博会组委会、各参展国家、国际组织所赞扬。从世博会开幕至结束，在中国馆馆内，观众摩肩接踵。世博会期间，中国馆共接待观众350多万人次，约占世博会观众总数的四分之一，在各外国馆中名列榜首。韩国最大的两家广播电视公司之一的韩国文化放送株式会社（MBC），根据对观众的调查结果，将中国馆评为5个最佳外国馆之一。

中国参加大田世界博览会，受到了中、韩双方的重视。中国馆成为韩国新闻媒体的重点采访、报道的对象。

8月24日，恰值中韩建交一周年。中国馆入口处悬挂了“热烈庆祝中韩建交一周年”的红色横幅，全体工作人员向观众发送纪念品。晚上，展览团领导与韩方组委会高级官员共进晚餐，畅叙中韩友好之情。

国务院副总理李岚清率领中国政府代表团应邀赴韩国。9月27日，韩国总统金泳三会见了李副总理，对中国馆受到观众的热烈欢迎表示祝贺。9月28日，李岚清副总理主持了中国馆馆日活动。韩方政界、商界知名人士出席了馆日仪式及招待会。中国馆馆日的庆祝活动被各方公认为是最好的。

10月29日，中国馆观众突破300万人次大关，中国馆向第300万个幸运观众赠送了礼品，派人陪同其参观，并观看中国杂技团的演出。这些活动为韩国媒体争相报道。

（八）海洋文化，呈现别样景观——1998年葡萄牙里斯本世博会

1998年是联合国批准的国际海洋年，由葡萄牙政府举办、主题为“海洋——未来的财富”的世界博览会，于5月22日至10月31日在里斯本举办。博览会场面积60公顷，包括设施在内的用地总面积为340公顷，有144个国家和16个国际组织参展，创下了世博会有史以来参展国及国际组织最多的纪录。展期132天，接待观众1 000万人次。

在污染严重、资源日益短缺的今天，保护与合理开发利用海洋具有特殊意义。无

中国馆内景

论是沿海国家，还是内陆国家，都在展馆的设计布置上苦心经营，各展所长。发展中国家在展馆中多用模型、图表和实物，更多地突出文化底蕴；发达国家多用现代的设计、优良的材质，突出高科技含量。在此次世博会上，电视屏幕墙、电影等展示手段已不足为奇，电脑也得到广泛应用。电影有宽银幕、270°环幕、360°环幕、三维立体屏幕。在葡萄牙的未来馆内，放映立体电影时，当银幕出现大海时，观众便可感到有湿漉漉的水汽和微咸的海风味。

世博会开幕后，占地1 620平方米的中国馆吸引了大批参观者。他们对中国馆的总体评价是：构思精巧、设计朴实、内涵丰富。

中国馆以海上丝绸之路为主线，介绍中国历史上最伟大的航海家郑和率领船队7次远涉重洋的历史。

（九）科技领先，成果令人瞩目——2000年德国汉诺威世博会

汉诺威世界博览会于2000年6月1日至10月31日在德国北部城市汉诺威举行。这是德国有史以来首次举办世界博览会，德国政府十分重视。早在1995年就以总理科尔的名义广泛地向世界各国发出参展邀请。另外，德国还专门成立了2000年汉诺威世博会有限公司，对世博会筹备和组织进行私营运作。

共有187个国家和国际组织参加了此届世博会，其中包括172个国家和15个国际组织。世博会总占地160公顷，在153天的展出中，共接待世界各地的观众1 850

中国馆夜景

中国馆内景

万人次。

中国馆广场的表演

本届世界博览会的主题是“人类——自然——科技”，其宗旨是寻找人、自然、技术三者之间的和谐。展出内容分为四个部分，包括国家馆展出部分、主题论坛、世界工程和文化活动。

中国馆此次展出旨在弘扬中华民族的文化，宣传改革开放以来我国所取得的经济建设成就，探讨21世纪人类面对的问题及采取的科技对策和手段。中国馆的主题区域由信息高速公路展区、未来航天展区、现代展区、古代展区和环幕电影5部分组成。此次中国是使用永久性展馆进行展出，也是本届世博会上唯一使用永久性展馆展出的亚洲国家。展出结束后，该展馆已被改造为亚洲中心。

（十） 生命之树，体现哲学理念——2005年日本爱知世博会

日本爱知世博会于2005年3月24日至9月25日举行，此次世博会的主题是“自然的睿智”。

爱知世博会中国馆标志为“牡丹花·中国情”，是把红牡丹作为主体形态，彰显“唯有牡丹真国色”的创作理念。作品大体是一个圆形，圆的右上部分为红色牡丹花，左下部分为绿色树叶，中间为腾飞的白鸽。图案下面是醒目的“中国馆”三个字和“EXPO2005日本爱知世界博览会”。图案运用红牡丹花形结构的变化，将牡丹与口衔绿叶的鸽子融为一体，给人以活力、繁荣、智慧、和平之感，充分体现了中国馆“自然、城市、和谐——生活的艺术”这一鲜明的主题，表现了中华民族对世界和平、人类的热爱。

中国馆的展出理念是，通过对博大精深的中国文化的演绎，表达中国人“天人合一”的哲学思想，借助多种现代的技术手段和艺术形式，浓缩中国五千年文明和现代城市发展历程，展现传统与现代、自然与城市的和谐关系。其中，生命之树、多媒体浮雕墙、紫檀斋、影视厅等成为中国馆的四大亮点。

生命之树主造型模仿自然界水珠悠然溅起的优美姿态和植物叶脉舒展生长的形态，加以艺术化的提炼，利用中国古老而独特的宣纸制造工艺，结合现代影像投放技

中国馆标志

中国馆外景

术，通过对灯光的处理来体现白天、黑夜的变化，以及春、夏、秋、冬四季的自然景象，表达了现代中国人的生活状态与生活艺术，人与自然和谐共处的生命智慧。身着民族服装的"阳光女孩"音乐组合，在生命之树间演奏中国民族乐曲，在光影、声音的变幻中，营造中华文明所崇尚的天地万物怡然共生的氛围，形象地表达中国传统哲学"天人合一"的智慧。

华夏文明之旅是长74米，高9米的巨型大型多媒体浮雕墙。浮雕墙内置的11面大幅电视屏幕，全面展示中国的13个具有代表性的城市，融合中国5 000年文明和现代城市发展，展现传统与现代、自然与城市的和谐关系。

VIP接待室紫檀斋展出了由中国紫檀博物馆提供的49件紫檀家具。紫檀斋内布置文房四宝，令观众在欣赏紫檀艺术珍品的同时，感受中国传统书斋文化。

水晶影视厅通过多组合动态屏幕，构造奇妙的视听效果，呈现了中国的独特魅力

浮雕墙

双螺旋步道与生命之树

紫檀斋

阳光女孩的演出

和对中国2010年上海世博会的期盼。

中国馆日活动，由国务院副总理吴仪出席，并由即将举办2008年奥运会的北京和即将举办2010年世博会的上海分别给观众奉献了两场精彩的文艺演出，京剧、杂技、舞蹈、民乐演奏等节目折服了各国观众。

（十一） 人水和谐，展中华水智慧——2008年西班牙萨拉戈萨世博会

2008年西班牙世界博览会，于2008年6月14日至9月14日在西班牙萨拉戈萨举办，此届世界博览会主题是“水和可持续发展”。中国馆以“人与水，归复和谐”为主题，面积1 200平方米，分5个展出部分，意在通过展示水在中国的历史与现状、水与中国人的生活，进而展示中国的文明。中国馆的标志是中国传统的水纹图案与吉祥图案的组合，表达中国人对水的美好感情。金鱼是中国馆的吉祥物。金鱼最早是由中国人从鲫鱼培育而成的，在中国，它是平安、幸福的象征。

中国馆从4个方面演绎“水和可持续发展”这一主题。首先，以中国河流地理全图与装置艺术——水钟和视频、12 000年前“水稻”化石等实物，展示了黄河与长江文明，探讨水与中华文明发生、发展的关系。第二，以都江堰的装置及视频、京杭大运河视频、三峡工程视频，展示了中国的治水工程，同时介绍了古代的“海上丝绸之路”。中国大地上的一处处水利工程是中国人意志、智慧与力量的象征与证明，在大自然带来的挑战与人类沉着应对的过程中，中华文明绵延传递。第三，以影片《水德》反映中国对可持续发展的理解和实践，以影片《城市的畅想》向世界传递了中国2010年上海

中国馆外景

中国馆内多媒体展项

环幕影视厅

中国2010年上海世博会宣传区

世博会概况。第四，以立体影像系统和互动装置演示生命与水的关系，以展现人与自然和谐的中国传统哲学思维，提倡人与水复归和谐。另外，中国馆还开辟了中国2010年上海世博会宣传区。

中国民间手工艺专家的现场表演

此外，中国馆内还举办了许多重要活动。7月1日为中国馆馆日，中国四川省成都市在中国馆馆日开幕仪式和招待晚宴上组织文艺表演，西班牙中西合作发展基金会组织馆日当晚的舞龙表演。7月1日至7月7日为中国馆“成都周”，主要介绍成都秀丽的自然风光、历史久远的建筑、独具魅力的民俗风情。9月8日至9月14日为中国馆“上海周”，在世博园内举办“上海周”开周仪式、巡游演出、第六届世博会论坛和“上海周”闭幕式等活动。

第五篇 · 展品的故事

中国荣记湖丝

1851年伦敦世博会　获奖

1851年当英国举行第一届伦敦世博会时，清政府还以“赛奇会”称之。中国商人徐荣村敏锐地嗅到商机。当得知英国女王维多利亚向全世界广发英雄帖，他立即挑选了12包优质湖丝托运至英国。

一开始，西方人对于包装粗劣的“荣记湖丝”并不看好，鲜有注目。幸运的是，第一届世博会持续了长达半年之久，正所谓“路遥知马力”，优质的“荣记湖丝”渐渐崭露头角，褪去包装，西方人钟爱的中国蚕丝历经半年之久，仍然簇新质佳。在最后的工艺评奖中，峰回路转，柳暗花明，“荣记湖丝”独获金、银奖，为徐荣村赢得了荣誉，也为他赢来了许多生意。

作为一个生意人，徐荣村让自己商铺出产的湖丝远渡重洋来到英国，看准的就是世博会这个大广告。即便用今天的眼光来看，徐荣村的举动也是极具魄力和商业眼光的。但是，他怎么也想不到，“荣记湖丝”的英伦之行，会在150年后，成为中国与世博会历史渊源的珍贵记忆——将中国与世博会的关系一下子往前推进到1851年的第一届世博会。

景德镇绘瓷

1851年伦敦世博会
1910年南洋劝业会
1915年巴拿马世博会　获奖

江西景德镇是驰名中外的“瓷都”。景德镇的瓷器具有“白如玉，明如镜，薄如纸，声如磬”四大特点。在清同治、光绪时期至民国初年，景德镇盛行一种有别于传统粉彩的釉上彩绘瓷器品种。当时，艺人们以瓷当纸，将宋元以来的工笔或兼工带写的绘画略加增减，在瓷器上加以成功地表现，扩大了彩瓷的领域，由此产生了新兴的粉彩。

从1852年伦敦出版的《万国工业博览会评委会关于30类展品的评审报告》来看，当时中国展室的展品就包括景德镇制瓷原料。1909年的南洋劝业会上，“胡培春”牌瓷土就获得大奖；1915年，又在巴拿马太平洋万国博览会上荣获银质奖章。

1915年，王大凡与王琦、潘匀宇、汪晓棠、周小松、汪野亭等人的作品由江西瓷业公司、景德镇商会推荐，送巴拿马博览会参展。王大凡的《富贵寿考》粉彩瓷板画，荣获巴拿马博览会金质奖章。汪野亭绘制的墨彩瓷板画《江山胜景图》，也以其独树一帜的新技法获奖。

上海浦东鸡

1853年美国纽约世博会　获奖

在1853年纽约世博会的当年，美国协会的年展照例在纽约进行。在农产品展示中有三百多笼、共九百多只鸡参加家禽类角逐，来自中国上海的"浦东鸡"因其高大壮硕的种型格外引人注目。

这"浦东鸡"俗名"九斤黄"、"黑十二"，是优良的地方大种鸡，并且还有一段古老的传说。相传当年有户人家，门前有只破漏的石臼。一日，有人愿出二两纹银买石臼。房主转念一想，破石臼也值纹银二两？可见是宝贝，连说"不卖不卖"，并将石臼抬回屋内。第二年春天，房主太太要孵小鸡，她就在破石臼里铺上点草絮，放上蛋，孵起小鸡来了。二十几天过去了，小鸡出了个满窝，10只黄，10只黑。一日雷雨，20只鸡不幸死了。房主太太舍不得把小鸡埋掉，就把石臼滚到门外，合上盖住这些小鸡。第二天一早，房主夫妻俩跨出门口，看见石臼在摇摇晃晃，急忙把石臼掀开，只见黑黄一窝鸡，只只伸长头颈在咯咯地啼。夫妻俩开心啊，拎起黄鸡掂一掂，只只重9斤，拎起黑鸡掂一掂，只只有12斤。"九斤黄"、"黑十二"就此得名。

1853年纽约的美国协会年展，让来自中国上海的浦东鸡有机会向世人展示，并获得肯定。

中国炭窑

1853年美国纽约世博会　获奖

在1853年纽约的美国协会年展上，一位在北京生活多年的俄国人详细介绍了中国的制炭技术和炭窑，当时其他国家的木炭制备率在25%左右，而中国的炭窑使木炭制备率达到35%以上，这是非常引人注目的。

北京作为中国封建社会最后三个朝代的首都，从元大都到明清北京城，达到了当时中国城市发展的顶端。能源是社会肌体中的血液，是社会运转的动力，就城市而言尤其是这样。除了有限的金属冶炼之外，当时所谓能源基本上就是日常生活中的燃料。从能源配置看，元大都以柴炭为主，明清柴炭消耗仍然很大，柴炭主要取之于北京外围乃至永定河上游山区。大大小小的炭窑星罗棋布，吞噬了大量森林。同时，中国的制炭技术得到了长足发展，以至于在京生活的外国人将中国炭窑制炭工艺作为先进技术带进了美国纽约的展台。

中国蟠桃

1853年美国纽约世博会　获奖

蟠桃是出现在中国古代神话传说中的果品。相传每年农历三月初三为西王母诞辰，当天西王母大开宴会，以蟠桃为主食，宴请众仙，众仙赶来为她祝寿，称为蟠桃会。她种的蟠桃最为神奇，小桃树三千年一熟，人吃了体健身轻，成仙得道；一般的桃树六千年一熟，人吃了白日飞升，长生不老；最好的九千年一熟，人吃了与天地同寿，与日月同寿。所以，蟠桃在中国民间有祝寿吉祥的意义。

在1853年纽约的美国协会年展中，来自中国的蟠桃出现在年展的果品类展示中，且因与众不同而被记载入册。

广绣

1878年法国巴黎世博会
1915年巴拿马世博会　获奖

中国刺绣起源于三千多年前。广绣是以广州为中心的珠江三角洲民间刺绣工艺的总称，以构图饱满、形象传神、纹理清晰、色泽富丽、针法多样、善于变化的艺术特色而闻名宇内。广绣与潮州刺绣合称粤绣，与湖南的湘绣、四川的蜀绣和江苏的苏绣并称中国四大名绣。

明代，广绣已经成为民间重要的手工业之一。明正德九年（1514年）一个葡萄牙商人在广州购得龙袍绣片回国献给国王而得到重赏，广州绣品从此扬名海外，每年均有不少产品输出国外。

广州刺绣以构图匀称、色彩斑斓、极富装饰性著称。广绣大致分为两大品类；一是盘金刺绣，二是丝绒刺绣。盘金刺绣以金线为主，辅以彩纷刺绣，金碧辉煌，灿烂夺目，雍容华贵。丝绒刺绣开丝纤细，色彩缤纷，绣出的花鸟尤其精美。

晚清驻外使节黎庶昌在《巴黎大会纪略》一文中详细记述了1878年法国巴黎万国博览会上的中国馆——“中华公所”的建筑展品，文中提到“出色者以广东绣屏为最”，售货处售出的则以“象牙折扇独多”。博览会结束后，中国政府还把中国的建筑赠予法国总统。另外，广绣作品《睡狮》、《孔雀图》、《四角大花披巾》曾获得1915年巴拿马万国博览会奖。

浙江茶木淤高山云雾茶

1900年巴黎世博会　获奖

茶木淤以盛产高山云雾茶闻名，1900年获得巴黎万国博览会金奖。

待建的茶木淤水库，那一带历史上盛产高山云雾，因云雾滋润，清泉喷流，生长的茶叶青翠细嫩，经加工、制作，香馨味醇，多汁耐泡，乃其中珍品。

其实，高山之所以出好茶，是优越的茶树生态环境造就的。据考证，茶树的原产地在我国西南部的多雨潮湿的原始森林中，经过长期的历史进化，逐渐形成了喜温、喜湿、耐阴的生活习性。高山出好茶的奥妙，就在于那里优越的生态条件，正好满足了茶对生长的需要。

永珍斋瓷器的故事

1900年巴黎世博会　获奖

MINISTÈRE DU COMMERCE, DE L'INDUSTRIE, DES POSTES ET DES TÉLÉGRAPHES.
EXPOSITION UNIVERSELLE INTERNATIONALE DE 1900.
CARTE D'EXPOSANT.
M. Young Tcheune Tchai
Chine
N° 2 819

顾永保1900年参加巴黎世博会的参展证的照片

1897年，英国人赫德——大清国正一品的海关总税务司，收到了法国政府邀请中国参与协作1900年的巴黎世博会的电函。同以往一样，大清国总理衙门拨了数万白银交给赫德代理选购一些特产，敷衍了事。最终中国展团共获奖36项，其中金奖8个、银奖7个、铜奖13个、鼓励奖8个。这是自中国1876年首次参加博览会以来，获奖较少的一次。外国参展评委会对风靡西方世界长达几个世纪的中国手工艺品开始产生陈旧感了。

此时的北京，统治中国长达250多年的清王朝正走到了崩溃的边缘，谁也无暇顾及这一遥远的成绩。

京城古玩界十分有名的永珍斋老板顾永保此时正在大皇宫里别致的中国展台前向世人展出中国的瓷器。在参加完世博会乘船回国途中，听说八国联军攻占了北京，自己在东交民巷的家已被焚烧洗劫，顾永保悲愤不已，决定投海自尽。第一次投海被船员救了上来，他又第二次跳入大海……编号2 819、正面是参展者照片、背面写有法文"贸易部、工业部、邮电通讯部1900年世界博览会"的参展证和行李一起作为遗物返回家中。

北京地毯

1904年圣路易斯世博会　获奖

北京地毯选毛精、织结牢、剪法平齐、柔软舒适、色彩宁静、图案古雅，是北京传统工艺品，在元、明、清三代专供宫廷用毯基础上，吸收甘肃、西藏、包头等地的制毯特点，逐渐形成独特的艺术风格。在国际上享有盛誉，与波斯毯、巴基斯坦毯并称世界手工地毯三大派。

北京地毯在中国已有两千多年的历史，它创始于清朝咸丰、同治年间，当时清宫为铺设地毯，有喇嘛僧携徒弟二人，设地毯织制传习所于报国寺，遂召集贫寒子弟，传授织制技术，是为北平有织制地毯之始。

北京地毯图案受中国绘画、刺绣、织锦和建筑艺术的装饰纹样影响，主要有“古纹式”、“锦纹式”、“汉宫式”等图案，也有“八宝”、“博古”以及龙凤等图案，富有中国民族艺术传统特色。

在1904年圣路易斯世博会上，北京地毯荣获一等奖，被美誉“中国的地毯制造艺术就是在地板上也能看到”。会后，地毯价格随之猛涨，成为非常紧俏的出口商品。

杭州舒莲记折扇

1904年圣路易斯世博会　获奖

清代末期有名的杭扇扇庄要数王星记和舒莲记。根据史载，当时杭城其实有张子元、舒莲记和王星记三大扇业名庄，竞争激烈。其中，舒莲记所产之扇品种繁多，有可纳于僧人宽大的袖中供僧人使用的大红油纸扇，有专门放在西装口袋中的小黑油纸扇，也有专门为女性生产的檀香扇。舒莲记老板舒青莲于清光绪三十年（1904年）捐银千两买了一个道台官衔，出入官府，结交显要，几乎垄断官府所需之扇。抗战胜利后，舒莲记扇庄，格局如同现在的方回春堂，古朴高深，冬暖夏凉，规模要大过王星记。可惜的是，后期该扇庄终因设备损失巨大，技术人员散失而衰落。

天津地毯

1904年圣路易斯世博会
1915年巴拿马世博会　获奖

天津民间手工作坊五花八门，大致可分为铸铁、机器作坊、中药作坊、金银作坊、印染作坊、地毯作坊、扎彩作坊等。著名的天津地毯当时就是在这些地毯作坊里完成的，至今天津地毯已有百余年生产历史。天津又是羊毛的集散地，同时又有大量廉价劳动力，使得地毯业发展很快，作坊大量涌现。第一家地毯作坊是“义盛公”号。

1900年八国联军攻陷北京，王公贵族四散奔逃，外国大兵肆意掠夺宫廷艺术精品，包括皇室地毯。他们将地毯抢到欧洲，引发了上流社会追求中国皇室地毯的热潮。

天津地毯是中国第一个荣获国际金奖的地毯品牌。1904年，天津地毯在美国圣路易斯万国博览会上荣获头等奖；1915年，在巴拿马万国博览会上获得金质奖章；1965年在莱比锡国际博览会上荣获金质奖。

北京景泰蓝

1904年圣路易斯世博会

1915年巴拿马世博会　获奖

景泰蓝，历史上称为珐琅器，工艺上称为"铜胎掐丝珐琅"，是北京著名的传统特种工艺品。在明朝的景泰年间，这项工艺已经十分成熟，尤其是蓝釉料有了新的突破，像蓝宝石般浓郁的宝蓝，高贵华美，所以，被称为"景泰蓝"。北京景泰蓝与福州漆器、江西景德镇瓷器并称中国传统工艺美术"三宝"。

清代是北京景泰蓝工艺发展的又一高峰期，特别是清乾隆年间，景泰蓝工艺得到了空前的发展。在风格上，此时的景泰蓝工艺品不仅继承了明代景泰蓝的豪华、古典、雅致，而且也开始呈现出纤巧而绮丽的风格特征。清嘉庆初期，景泰蓝生产开始衰落，一直到道光年间，留存下来的作品数量都不多。但此时，景泰蓝工艺品鲜明的民族风格开始引起西方人的注意。在对外贸易的刺激下，除了官营珐琅作坊外，民间也纷纷开设了商号和店堂，经营景泰蓝制品，如老天利、宝华生、静远堂、志远堂等。

1904年，老天利制作的"宝鼎炉"在美国圣路易斯世界博览会上获得一等奖，后来在1915年的巴拿马万国博览会上再次获得一等奖，自此，北京景泰蓝在国际上声誉大振。

颐生酒

1906年意大利世博会　获奖

颐生酒以粘籽红高粱酿造的优质大曲酒为酒基，加入茵陈、佛手、红花、陈皮等十多种药草汁液经半年以上贮存而成，其色青黄透明，其味醇和爽净，清香绵柔，具有健脾胃、治风痰、舒筋骨、活血液的功效。

清末南通状元张謇1903年出访日本时，就携带了颐生酿造公司出产的颐生酒。在第二年的日本大阪万国博览会上颐生酒获得大会颁发的奖状以奖掖其酿造工艺。1906年巴黎万国博览会，颐生酒更一举夺得金牌。此后“颐生”品牌享誉中外。

无锡泥人

1910年南洋劝业会
1933年芝加哥世博会　获奖

泥塑艺术是我国一种古老常见的民间艺术，又称“惠山泥人”。无锡手捏泥人对材质要求严格，需取当地水稻田一米深处的黑泥为原料，泥质细腻柔软，可塑性极佳，非常适合“捏塑”之用，惠山泥人凭借这独特的自然资源，孕育出了巧夺天工、灿烂绚丽的民间艺术文化。

《古今图书集成》有载，惠山泥人的创作和生产始于明洪武年间，距今已有六百余年历史，清代开始出现专业化的惠山泥人手工作坊，五里长街、上下河塘开设了数十家泥人店、两百多家泥人作坊，形成有名的“泥人街”。20世纪初，惠山镇的泥人店不少于120家，这一状况一直延续至今。其发展经历了三个阶段：耍货时期、手捏戏文时期和石膏像时期。

在惠山泥人的初创阶段并没有专业作坊，仅是当地农民的副业。明末清初，昆剧由昆山、太仓、松江、苏州流传到无锡。惠山制作泥塑的艺人受到戏剧的影响，创作了不少昆剧戏文的泥塑作品，惠山泥人进入了堪称“中国一绝”的手捏戏文时期。艺人们称这一类作品为“细货”，把以前的儿童玩具叫做“粗货”。创作大都取材于京、昆、锡剧，民俗风情，神话传说。当时塑像艺人们捏的戏文脸部工整，服饰细致华丽。

1930年以后，天津的翻石膏工人把石膏作品介绍到惠山，从此惠山泥人进入“石膏像时期”。这时在作品的题材上也有了扩大，历史名人及本国伟人像占了很大比重。因此石膏制品日益风行。惠山泥人在全盛时期曾远销南洋各地，并在希腊、芝加哥博览会上获奖。

张小泉剪刀

1910年南洋劝业会
1915年巴拿马世博会
1926年费城世博会
1929年西湖博览会　获奖

张小泉剪刀是浙江杭州传统工艺文化四大名品之一，其历史始于清康熙二年（1663年）。传说乾隆皇帝下江南时，在微服行走中买过张小泉的剪刀，颇为叹赏，从此“张小泉”被作为宫廷用剪，成为当时闻名遐迩的“五杭”产品之一。

张小泉的剪刀原来是直柄的，后来改成曲柄，在民间传说里，这来历很神奇。传说张小泉一家在杭州住时，家附近原本清冽甘甜的井水因钱塘江里的两条乌蛇每隔一千年在井底下蛋而变浊。张小泉听说后，在井里捉了两条蛇，将蛇头砸扁，因这两条乌蛇修炼了几千年，早已炼成钢筋铁骨了，所以又在蛇颈相交的地方安上一枚钉子，把蛇尾弯过来的地方做成把手，又把蛇颈上面的一段敲扁，磨得锋利无比。这就成了张小泉造出的第一把曲柄剪刀。

1910年，张小泉剪刀在第一次南洋劝业会上荣获银质奖。1915年，张小泉剪刀首度出现在美国巴拿马世界博览会的舞台上，荣获二等奖。1926年在纪念美国独立150周年而举办的费城世界博览会上，又获殊荣，赢得丁等银奖章。1929年，在中国首次西湖博览会上再度荣获特等奖，从此“张小泉”驰名中外。张小泉立下“良钢精作”的家训一直沿袭至今，成为世代张小泉人牢记的祖训。

宜兴紫砂

1910年南洋劝业会
1915年巴拿马世博会
1926年费城世博会
1930年列日国际博览会　获奖

江苏宜兴曾有"陶都"之称，紫砂器是其所产陶器中最精致的产品。

1912年前后，宜兴紫砂开始蓬勃发展，并且出现了不少专营紫砂陶器的商家。当时较著名的有"葛德和陶器公司"、"阳羡紫砂陶艺公司"等。

紫砂称为泥中之王，世界陶瓷七大品类中，唯有紫砂陶单纯用一种矿土——紫砂土。紫砂土薄薄一层，经风干研磨水洗，并经特殊处理，形成葡萄紫、橘柚黄、新桐绿、竹叶翠等诸种色泽，五彩纷呈。

由于泥质的可塑性特殊，承受力强又不粘连，宜兴紫砂古时就有"价埒金玉"之说。紫砂壶品格的高超之处，还在于不论雅俗贵贱，具有同等的品茶功能，花块把钱买一把壶照样能品尝到千金之作的茶味。

宋朝大学士苏东坡有一款别具一格的紫砂壶式样，即著名的东坡提梁壶。自北宋苏轼起，历代文人雅士，将文学、书法等诸多艺术手段融于紫砂壶艺中，使它的内涵显得深邃而幽远。

宜兴紫砂曾在各类国际博览会上获得奖章。宜兴阳羡陶业公司和宜兴物产会生产的"海竹顶紫砂壶"、"宝鼎壶"、"传炉壶"和"大柿壶"，获1910年南京"南洋劝业会"金牌奖；1915年在美国旧金山"太平洋万国巴拿马博览会"上，"葛得和陶器店"和"利用陶器公司"生产的紫砂器，分别获得头等奖和二等奖；宜兴紫砂大花瓶和多式茶具杯碟，在美国1926年"费城万国博览会"上获特等奖；1930年，宜兴紫砂茶壶在比利时举行的"列日国际博览会"获银牌奖。

湘绣

1911年意大利都灵博览会
1915年巴拿马世博会　获奖

"绣花花生香，绣鸟能听声，绣虎能奔跑，绣人能传神。"湘绣为中国四大名绣之一。

有记载，清嘉庆年间，长沙"妇女工刺绣者多，事纺织者少"。咸丰年间，长沙约开设湘绣庄40多家。光绪年间，"吴彩霞绣坊"作品精良、流传各地，湘绣从此闻名全国。宁乡画家杨世焯使湘绣吸收了中国传统绘画艺术的长处。到了光绪末年，湘绣已发展成为具有独立风格和浓厚地方色彩的手工艺商品。

狮、虎是传统湘绣题材，特以虎见多，民间有"苏猫、湘虎"之说。为了表现猛虎皮毛的质感，湘绣艺人在毛针的基础上创制了鬅毛针，后来又由著名匠师余冬姑、余振辉姐妹加以完善。

1909年，湘绣在南洋劝业会上，被赞誉为"迹灭针线"。1911年意大利都灵博览会上，湘绣获最优奖。1915年，美国旧金山巴拿马博览会上，湘绣获4块金牌。1935年《西湖博览会总报告书》"绣品"一节中，湘绣就占了一半的篇幅。湘绣艺术家杨佩珍绣制的"罗斯福肖像"，现仍珍藏于美国佐治亚州亚特兰大市小白宫博物馆。2006年，经国务院批准，湘绣被列入第一批国家级非物质文化遗产名录。

曹素功徽墨

1914年日本东京博览会
1926年费城世博会　获奖

“曹素功徽墨”为清代“四大家”之一。清代制墨名家曹素功，原名圣臣，安徽人，自幼喜爱墨道，注意收藏研究古墨。康熙六年，借用明末著名墨工吴叔大的墨模和墨名开店营业，着手为达官权贵和社会名流定版制墨。以后墨质和工艺造型日渐精良，名声亦渐远扬，其墨业更加兴旺。

其得意杰作“紫玉光”颇为时人所重。相传康熙南巡金陵，曹素功携带得意之作进献，得到赏识，亲题“紫玉光”三字。于是声名鹊起。后又用该名制成漱金紫玉光墨，墨面绘画，雕刻生动，重峰叠岩，古意盎然，现藏安徽省博物馆。

相传乾隆也曾作《谢人赠墨诗》一首，中有“古来作者难屈指，前朝潘生今曹氏”，对曹墨赞赏有加。志书上也有“海内巨卿贡墨皆取制于曹氏”的记载。此后还自创“天琛”、“千秋光”、“天瑞”及“豹囊丛赏”等名墨，被誉为“天下之墨推歙州，歙州之墨推曹氏”。

曹素功墨，1914年参加日本东京博览会，曾获得金质奖章，1926年参加美国费城万国博览会亦获得奖状。

山东张裕酿酒公司

1915年巴拿马世博会　获奖

山东张裕酿酒公司曾在1915年美国旧金山巴拿马太平洋博览会上夺得甲级大奖章。

早在1890年，张振勋在巴达维亚出席法国领事举行的一次宴会时，听到法国领事说，如果用山东烟台产的葡萄酿酒，酒味香醇，不亚于法国的白兰地，于是便萌发了在山东建立酒厂的念头。两年后，他赴烟台考察，并着手创办张裕葡萄酿酒公司。他投资三百多万银元，购地千亩，引进欧美葡萄良种，进行栽植。在栽植良种的同时，他聘请美国、日本的工程师参与兴建厂房，进口机械设备，注册登记，招工训练。经过近十年的苦心经营，公司初具规模。20世纪初，酒厂能生产红白葡萄酒近20个品种，行销全国，与茅台酒并列，为当时八大名酒之一。

直至1915年，巴拿马万国商品博览会在美国旧金山举行，张振勋带着自己公司酿造的三种酒参展，公司所生产的白兰地、红葡萄、雷司令、琼瑶浆等葡萄酒分别荣获金质奖章和最优等奖，从此张裕公司酿制的金奖白兰地闻名于世，奖章缩印在商标上，沿用至今。在巴拿马当地侨团举办的欢庆宴会上，张振勋自豪地说，在这盛大的酒宴中，一眼望去，锦绣大堂，全是令人自豪的东西：一是早就世界驰名的中国大菜，一是享誉全球的中国瓷器摆满整个大厅，还有这新近获得国际金牌的中国名酒。

太仓肉松

1915年巴拿马世博会　获奖

太仓肉松，太仓食品一绝，中国食品一绝。

清代同治十三年（1874年），太仓城有门望族，一日大宴宾客，胖厨师倪水忙中出错，竟将红烧肉煮酥了，情急中去油剔骨，将肉放在锅里拼命炒碎，端上桌称是“太仓肉松”，不料举桌轰动，被誉为太仓一绝。因慈禧太后、光绪皇帝对肉松美味称赞有加，故太仓肉松遂成为官礼物品，清光绪十二年（1886年）太仓昭忠祠旁即开设了倪鸿顺肉松店，驰誉四方。

太仓肉松对原料的要求是四个字：绝对新鲜。一头猪从屠宰到下锅，要严格控制在4小时之内，而且选用的是只需4个月就长大的太湖猪。太仓肉松选用新鲜猪后腿精肉，配以酱油、冰糖、鲜姜、大茴、黄酒等佐料加工而成，纤维细长，滋味鲜美，特别适合产妇、幼儿及病人食用。只要封口好，能存放4个月左右。

1915年，太仓肉松荣获巴拿马国际博览会甲级奖。

广东果酒

1915年巴拿马世博会　获奖

根据史料记载，1915年巴拿马博览会的奖项共设六等。其中，最高奖——大奖章我国获64枚，内含酒类5枚，分别是直隶高粱酒、河南高粱酒、山西高粱汾酒、广东果酒及山东张裕酿酒公司的各种酒。

果酒，是继白酒、黄酒、啤酒、葡萄酒之后兴起的一种新的时尚酒饮品，通常人们把葡萄以外的水果制成的酒统称为果酒。在如此之高的酒类消费中，具有广东岭南特色的当属果酒。它以各种人工种植的果品和野生的果实如苹果、梨、山楂、猕猴桃等为原料，经过破碎、发酵或者浸泡等工艺精心调配而成。果酒的酒度低，酒质温和爽口，果香味浓，营养价值高，基本保持了水果中的天然营养成分，并且富含人体所需的各种氨基酸、多种维生素及矿物质，被专家认为是所有酒品中最具发展前途的酒种。

陕西西凤酒

1915年巴拿马世博会　获奖

西凤酒产于陕西凤翔县柳林镇。凤翔是民间传说中产凤凰的地方，有凤鸣岐山、吹箫引凤等故事，酒因此而得名。

西凤酒的历史记载始于殷商，自此每个朝代都有相关的记录：周文王时称“秦酒”，周武王时称“雍酒”，汉朝更名为“柳林酒”，唐朝始钦定为“西凤酒”。时至今日，民间仍流传着“东湖柳、西凤酒”的佳话。

西凤酒又被称作国酒之母、白酒之源。据说在清代中叶，陕西商人聚焦贵州茅台村，一位刘姓商人从西凤酒的产地请了一位田姓酿酒师带到茅台村，利用西凤酒的配方和当地的优质高粱，经过9次勾兑，产出了茅台烧锅（即茅台酒）。

1910年，西凤酒在南洋劝业会上获银质奖。1915年，在巴拿马万国博览会上获金质奖。此后，大奖小奖不断。

泸州老窖

1915年巴拿马世博会　获奖

泸州老窖特曲始于明朝万历年间，距今已有四百多年历史。据记载，明末清初泸州舒姓武举，在陕西略阳担任军职，对当地曲酒十分欣赏，曾多方探求酿酒技艺和设备。清朝顺治十四年（1657年），他解甲还乡时，把当地的万年酒母、曲药、泥样等材料用竹篓装上，聘请当地技师，一起回到泸州，在城南选择一泥质适合做酒窖的地方，附近的"龙泉井"水清冽而甘甜，与窖泥相得益彰，于是开设酒坊，试制曲酒。这就是泸州的第一个酿酒作坊——舒聚源，也是现在泸州曲酒厂的前身。

珍贵稀缺的粮、曲、水是酿造泸州老窖酒的原料"三绝"，构成了泸州老窖酿造文化的基础。水是酒之血，粮是酒之肉，曲是酒之骨。

至清光绪六年（1880年），泸州大曲酒年产量已达10吨左右，名扬全国。1915年，泸州大曲酒参加巴拿马国际博览会，获国际名酒一等金质奖章和奖状，从而获得了国际声誉。1916年至1926年间相继又获南洋劝业会一等奖章、上海展览会甲等奖状。

山西汾酒

1915年巴拿马世博会　获奖

汾酒是我国古老的历史名酒，产于山西省汾阳县杏花村。我国的白酒，包括汾酒等名优白酒在内，都是由黄酒演变和发展起来的。明清以后，北方的白酒发展很快，逐步代替了黄酒生产，此时杏花村汾酒即已是蒸馏酒，并蜚声于世。

相传，杏花村汾酒与“神井”有密切关系。说是在很久以前，有一个老道突然来到杏花村，他走进“醉仙居”喝酒，直喝得酩酊大醉方休。一连数日，喝酒都不给钱，最后一天，老道向主人问清楚做酒用的水井后，并将杯中剩下的酒向井里倒了几滴，于是，井水就变成了美酒。唐代大诗人杜牧家喻户晓的一句“借问酒家何处有，牧童遥指杏花村”？让杏花村汾酒飘香千家万户。

清李汝珍在《镜花缘》一书第九十六回的曲牌中，列举当时全国知名酒类五十余种，其中推汾酒为首，另外《两般秋雨庵》、《清稗类钞》等也有不少嗜饮汾酒的记载。

1915年，汾酒在巴拿马万国博览会上荣获一等优胜金质奖，其声誉更是宇内交驰，名声大噪。

山东兰陵美酒

1915年巴拿马世博会　获奖

苍山县西南部的兰陵镇生产的兰陵美酒，历史悠久，誉满华夏。唐代开元盛世，歌舞升平，农业的进步促进了兰陵酒业飞速发展，除贡奉皇宫外，还通过京杭大运河，远销江宁、钱塘等地。唐代诗人李白，开元二十八年五月来山东游历，痛饮神往已久的兰陵美酒，触发灵感，写下了“兰陵美酒郁金香，玉碗盛来琥珀光。但使主人能醉客，不知何处是他乡”的千古绝句。

兰陵美酒，具有三千年的悠久历史，深厚独特的精湛工艺，兰陵美酒具有天然形成的琥珀色泽，晶莹透明，醇厚可口，回味悠长。

北魏时期，农学家贾思勰对兰陵美酒生产工艺进行科学分析，加工整理，并载入世界第一部农业科学经典《齐民要术》之中，使这一宝贵的历史文化遗产得以保留至今。明代医学泰斗李时珍，在他的名著《本草纲目》中从医学的角度给予兰陵美酒高度赞赏：“兰陵美酒，清香远达，色复金黄，饮之至醉，不头痛，不口干，不作泻。共水秤之重于他水，邻邑所造俱不然，皆水土之美也，常饮入药俱良。” 清代诗坛盟主王渔洋在《寄任同年》一诗中写道：“阳羡六班茶，兰陵十千酒。古来佳丽区，遥当王湖口……” 这里不仅赞美了兰陵美酒的名贵，而且赞美了兰陵自古以来就是一个美丽富饶的地区。而当今的兰陵一派繁荣，是众人皆知的“天下第一酒都”。

兰陵美酒于1915年在巴拿马世博会上荣获金牌奖，驰名中外。

贵州茅台酒

1915年巴拿马世博会　获奖

黔北一带水质优良，气候宜人，因当地人自古善于酿酒而被称为“酒乡”，而“酒乡”中又以仁怀县茅台镇的酒最为有名。

1915年 2月 20日，巴拿马万国博览会在旧金山开幕。中国贵州省推荐了茅台“成义”、“荣太和”两家作坊的样酒参展，以“茅台造酒公司”的名义，统称茅台酒送出。

国内流传最广的“掷酒赢金奖”的故事，大致是这样的：

当时，身着长袍、梳着长辫的中国人被视为“东亚病夫”，用土陶罐盛装的茅台酒无人问津。展会即将结束，一位中国代表心生一计，佯装失手摔坏了一瓶茅台酒，顿时酒香四溢，使评委们一下子被吸引住了，经反复品尝后一致认定“茅台酒”是世界最好的白酒，于是向茅台酒补发了金奖（因为此前已评出金奖产品）。在国运不济、饱受欺凌的旧中国，茅台酒大长了国人的志气，这或许是人们愿意接受这一故事的关键所在。

贵为世界名酒的茅台酒在获奖之后立即成为资本家和官僚争相投资的对象。获奖后不久，茅台镇上即办起了生产茅台酒的第三家大作坊“恒昌”（后为“恒兴”）酒坊。激烈的竞争之下，茅台酒开始走出贵州，销往国际市场。新中国成立后，茅台酒在新中国的外交史上扮演了亲善大使的角色，被尊为国酒。

绍兴酒

1915年巴拿马世博会　获奖

绍兴是中国古老的酒乡，闻名中外。绍兴酒属于黄酒，是中国历史悠久的传统名酒。绍兴酒素有“越陈越香”的特点，所以又称之“绍兴老酒”。

南北朝时，绍兴酒（古称“山阴甜酒”、“越酒”）已很有名气。清代袁枚的《随园食单》写道：“绍兴酒如清官廉吏，不参一毫假，而其味方真又如名士耆英，长留人间，阅尽世故而其质愈厚”。绍兴酒之所以阅历两千多年而且远行天下，在于其水土相宜、质量上乘。绍兴黄酒的特点有三，即：用料精，有好水，配以保持独特的传统工艺。

清乾隆年间，很多大酿坊就在各地开设了酒店、酒馆或酒庄。此时绍兴酒已风靡全国，在1910年南京举办的南洋劝业会上，谦豫萃、沈永和酿制的绍兴酒获金奖。在1915年美国旧金山举行的巴拿马世博会上，绍兴云集信记酒坊的绍兴酒获金奖，在1929年杭州举办的西湖博览会上沈永和绍兴酒获金奖，在1936年举办的浙赣特产展览会上绍兴酒又获金奖。

绍兴酒不但在国内大放光彩，在日本也家喻户晓。绍兴酒不仅原材料使用糯米，而且酒精含量低，口味清淡香醇，因而深受日本人欢迎。经过十几年的市场开发，绍兴酒目前已成为日本酒水市场上的一个著名品牌。

江苏卢恰淳的金波卫生酒

1915年巴拿马世博会　获奖

我国酿酒历史悠久，品种繁多，自产生之日开始，就受到先民欢迎。人们在饮酒赞酒的时候，总要给所饮的酒起个饶有风趣的雅号或别名。这些名字，大都由一些典故演绎而成，或者根据酒的味道、颜色、功能、作用、浓淡及酿造方法等等而定。酒的很多绰号在民间流传甚广，这也是中国酒俗文化的一个特色。

金波，因酒色如金，在杯中浮动如波而得名。张养浩在《普天乐·大明湖泛舟》中写道，“杯斟的金浓滟滟。”

江苏溧水卢洽淳的金波卫生酒在1915年的巴拿马世博会上获得金奖。在这次世博会上，我国获258枚金奖，其中酒类22枚，有北京的葡萄酒、仿洋酒，山东兰陵公司的兰陵美酒，广西药果酒，河南开封的各种酒及江苏、浙江、安徽的金波酒、玫瑰酒等。

惠明茶

1915年巴拿马世博会　获奖

惠明茶产于浙江省景宁县赤木山惠明寺周围，相传在唐朝大中年间，有个畲族老翁名雷太祖，带着四个儿子流浪到浙江。在江西途中，曾遇一和尚，相聊甚欢。分手后，雷太祖父子靠垦荒种地度日。后来受强人压迫，只得重新流浪。事有凑巧，他们在景宁县鹤溪镇又遇见那个和尚。和尚非常同情雷太祖父子的遭遇，就把他们带到自己的寺院里，原来这个和尚就是赤木山惠明寺的开山始祖。和尚嘱咐雷氏父子在惠明寺周围辟地种茶。现在寺右尚有一株古茶。茶叶芽乳白带淡黄，冲泡后又呈白色，色、香、味俱佳，人称“白茶”、“仙茶”、“兰花茶”。

又说从前有个景宁商人，坐船到南方去。在船上见到一个衣衫破旧的老和尚，商人乐善好施，便布施给老和尚许多银两布匹，老和尚无以回报，就取出身上的白茶及种子，送给商人，并告诉商人：“如家人突有急病时，可取一片，用水沏泡喝下。”商人开始并未当真，但商人的老母急火攻心，突然双目失明，请遍名医也无法医治，结果喝老和尚送的白茶几日，老母的眼睛竟然好了。商人见此茶如此神奇，便命人精心培育，制成茶叶后，因为喝了这茶眼睛会复明，所以商人给取名叫“会明茶”，人们传来传去，就成了后来的“惠明茶”。

“惠明茶，南水泉”，“一杯淡，二杯鲜，三杯甘醇，四韵犹存”，正是高雅名茶之特色。1915年，由惠明寺村畲族女子炒制的惠明茶被送到巴拿马万国博览会，因其独特的品质，被认定为茶中珍品，荣获金质奖章和一等证书。有人写诗赞美说：“赤木山在神州东，山中茶树殊超伦。仙翁遗种忘年代，灵根妙蕴天地春。”

信阳毛尖茶

1915年巴拿马世博会　获奖

信阳茶叶“身段苗条佩玉绢，未涂脂粉香自来；茶山远处心迫切，信阳别时更依恋。”信阳茶叶自然成为贡品，茶农们把最好的信阳毛尖直接敬献给朝廷。据说武则天患了病，久治不愈，后用茶做药引子，药到病除。

宋代大文豪苏东坡是个“饮君子”。他写了不少茶诗、茶词，在诗中把茶叶喻为佳人，赋予茶叶妙龄女郎的神韵。他喝遍了全国的名茶，当他来到信阳，品了信阳毛尖茶后，连声感叹“淮南茶，信阳第一……品不在浙、闽之下。”

1915年，“淮南第一”的信阳毛尖，在巴拿马世界博览会万花争妍中独占鳌头，戴上了一等金质奖章的桂冠，驰名海内外。

汪裕泰红茶

1915年巴拿马世博会　获奖

久享盛名的上海汪裕泰茶庄，在清道光二十七年（1847年）由安徽绩溪人王锡纯所开创。祖孙三代，历120年，先后在上海等地开设了茶庄、茶行、茶栈20余爿。

民国十六年（1927年）汪家后人汪自新（号惕予）选择杭州西湖畔的最佳地段，投巨资百万金首期购地近百亩，新建“汪庄”别墅。别墅内设茶叶门市部，营销龙井等名茶，设“品茗斋”，以供客商品茶；设“众仙楼”，作与政、文、商界名士聚首交谊场所。惕予还以“蜷翁”笔名，在“汪庄”别墅的写字楼内撰写了不少医科名著。

据新编《绩溪县志》载，慈禧太后重建颐和园祝六旬寿诞，汪裕泰茶号以“金山时雨”入贡。汪裕泰精茶1915年参展美国旧金山巴拿马世博会获金奖。

坦洋功夫茶

1915年巴拿马世博会　获奖

中国红茶坦洋功夫生长在“闽东第一山”的白云山。

明末清初坦洋村以独特的方法开始配制坦洋功夫茶成功。清咸丰、同治年间（1851~1874年），“坦洋功夫”红茶开始对外贸易，经广州销往欧美各国。此后茶商纷纷入山求市，周围各县茶叶亦渐云集坦洋，“坦洋功夫”的名声越来越响。

据载，清光绪七年至民国二十二年（1881~1933年）的五十余年，坦洋功夫茶每年出口近千吨，其中光绪七年出口量达到2 100多吨，为历史上出口茶叶最多的年份，当时知名茶行有万兴隆、丰泰隆、宜记、祥记等36家，雇工3 000多人，茶行范围方圆数百里，跨境七八个县。

民谚云：“国家大兴，茶换黄金。船泊龙凤桥，白银用斗量。”大意是指坦洋功夫曾远销至荷兰、英国、日本、东南亚等二十多个国家和地区，每年收回外汇茶银百余万元。

坦洋功夫分布较广，坦洋功夫源于福安境内白云山麓的坦洋村。据载，“坦洋功夫”红茶于1851年由福安坦洋村的胡氏所创制，列“闽红”三大功夫红茶之首，因其醇香袭人，为世人所喜爱，特别为欧美人士所青睐。

1915年在美国旧金山巴拿马世博会上“坦洋功夫”红茶与贵州“茅台酒”一起获得金奖，从而奠定了世界名茶的地位。

太平猴魁茶

1915年巴拿马世博会　获奖

太平猴魁是中国历史名茶,创制于1900年,产于中国安徽省太平县新明乡的猴坑一带。“太平猴魁”是绿茶类中的“尖茶”。由于它在尖茶之中的魁首品质,故以产地猴坑所在地定名为“猴魁”。

1912年10月,国民党理事长孙中山在长江下游考察实业。太平茶商苏锡岱得知消息后,由义兄方南山带上精制的太平猴魁去芜湖码头表示对孙中山到来的最好礼遇和祝愿。当孙中山饮到此太平猴魁时,赞不绝口,连称好茶,在茶兴正浓时给南山先生题了一条横幅,内容为“饮杯猴茶如得知己可以无憾”。茶人方南山深受鼓舞,回乡后于1917年秋编制了“猴茶真经”,从此逐步规范了猴魁茶叶精制的整个流程,使之色、香、味、形、保健俱佳。

1912年,太平猴魁送南京南洋劝业会和农商部陈列,一举获得金奖。1915年,太平猴魁又送美国巴拿马国际博览会参展,获得一等奖。从此,太平猴魁蜚声中外。2004年在中国(芜湖)国际茶博会摘取最高荣誉“茶王”桂冠。

江西功夫茶

1915年巴拿马世博会　获奖

高山出好茶，名山出名茶。江西省茶叶资源丰富，其中“浮红”、“宁红”茶在我国功夫茶中一直名列前茅，有着一千多年的茶史。1915年，这两种茶在美国旧金山获得巴拿马万国博览会的金奖。

“浮红”是浮梁功夫红茶的简称。浮梁气候条件独特，是发展茶叶特色产品最适宜区。

“浮红”出口统属祁红系列，是世界三大高山红茶之一，以色、香、味皆优而受到人们的称道，一向被视为茶中珍品。民国四年（1915年），浮梁“天祥”茶号所制功夫红茶，在巴拿马万国博览会上获得了金奖。浮红现已远销世界上六十多个国家和地区。

宁红茶，主产于江西修水县，是我国最早的功夫红茶珍品之一。因修水在元代称宁州，故所产红茶称为“宁红”。《义宁州志》记载：“清道光年间宁茶名益著，种莳殆遍乡村，制法有青茶、红茶、乌龙白毫、茶砖各种”。至清光绪年间，已成为著名红茶，大量外销，输出量占全国总量的80%，即达24万担。宁红的珍品太子茶被列为贡品，故又有贡茶之称。

“宁红”以其特有的风格称誉于世，特级宁红成品茶，紧细多毫，锋苗显露，略显红筋，乌黑油润。正如威廉乌克斯《茶叶全书》所述：“宁红外形美丽紧结，色黑，水色鲜红引入，在拼和中极有价值。”宁红产区位于江西西北边隅，优厚自然条件造成宁红功夫优良的自然品质。

建瓯闽北水仙茶

1915年巴拿马世博会　获奖

福建茶叶在中国和世界茶叶发展史上具有重要的历史地位。据福建产茶的文字记载，最早见诸于南安丰州莲花峰石上的摩崖石刻“莲花茶襟太元丙子”（公元376年），这比陆羽《茶经》问世要早三百余年。汉朝，武夷山已有茶树传播省外。

闽北水仙茶是我国茶叶优良品种之一。相传有一年武夷山热得出奇，有个建瓯的穷汉子靠砍柴为生，大热天没砍几刀就热得头昏脑涨，在祝仙洞歇息时，发现一棵小树上开满了小白花，绿叶却又厚又大。他走过去摘了几片含在嘴里，头也不昏胸也不闷了，精神顿时爽快起来，于是从树上折了一根小枝，挑起柴下山回家。

这天夜里突然风雨交加，小伙子家的一堵墙倒塌了。第二天清早一看，那根树枝正压在墙土下，枝头却伸了出来，很快爆了芽，发了叶，长成了小树，新发芽叶泡水喝了同样清香甘甜，解渴提神，小伙子长得更加壮实。

后来这事在村里传开，因为建瓯人说“祝”和崇安话的“水”字发音一模一样，崇安人都以为是“水仙”，也就把这棵树叫做水仙茶了。

云际山水仙茶“得山川清淑之气”，云际山也因“时有云雾罩无际”而得名，成为培植良茶的温床，是詹盛斋来建瓯后首选的茶园基地。1910年南洋第一次劝业会上，由詹盛斋儿子所创的“詹金圃茶庄”送展的茶叶获金质优奖；1915年美国旧金山巴拿马世博会上荣获金牌奖章。

上海茶叶会馆地球牌、三星牌红茶

1915年巴拿马世博会　获奖

上海茶叶会馆的前身即上海的茶栈又称洋庄茶栈，它居于内地茶号或上海土庄茶号与出口洋行之间，专门从事茶叶出口中介业务的组织。

上海开设茶栈最早的是阿林（ALUM）。上海开埠之初的茶栈，并不专业经营茶叶，而是兼营丝、茶出口等。19世纪六七十年代，随着茶叶出口进一步扩大，易货贸易方式逐步取消，上海出现了一批专营茶叶的茶栈。如1867年郑观应开设的和生祥茶栈和1868年唐翘卿设立的谦顺安茶栈等，都是当时专业性的茶栈。

为了维护贸易上的公平合理和同业间的协调统一，上海茶栈于1855年（清咸丰五年）建立当时中国第一个茶栈同业组织，即茶叶会馆。

武夷红茶是世界红茶始祖，条索粗壮，色泽乌润，汤汁红艳，芳香浓烈，略带枣香。清代，洋人闻说中国红茶，几乎到了如痴如醉地步。货到伦敦，价格过昂，只能作为皇家御饮，以至权贵为一品中国红茶竟然不问“其价几何”，到了“在所不惜”的程度。又因武夷红茶由江西河口镇外运，外人统称河红。江西河红与安徽祁门之祁红并驾齐驱，成为两种享誉中外的名贵茶品。

苏绣

1915年巴拿马世博会　获奖

苏绣的历史最早可以追溯到两千多年前的春秋时期，当时的吴国已经将刺绣工艺运用于服饰。三国时代，吴王孙权曾命人绣《列国图》。宋朝时，苏绣的工艺水准已经达到很高的水准，可以用细如发丝的丝线刻画山水、花鸟。明清时代是苏绣的鼎盛时期，心灵手巧的绣娘将当时杰出的绘画作品绣入服饰、靠垫、扇袋、香包、鞋面之上，这些苏绣已经结合了水墨画的构图、色彩等艺术手法，堪称"以针代笔"。当时皇室所使用的刺绣用品也多出自苏绣。1915年的巴拿马世博会，苏绣获得金奖。

沈寿刺绣

1915年巴拿马世博会　获奖

沈寿（1874~1921年），原名云芝，吴县木渎人，被清末著名学者俞樾喻为“针神”。

沈寿从小学绣，十六七岁时，便成了苏州有名的刺绣能手。慈禧太后七十寿辰时，她进献的《无量寿佛》、《八仙上寿图》等8幅作品获得慈禧的喜欢，赐得一个“寿”字，遂易名为“沈寿”，于是沈寿的绣名传扬天下。

沈寿任工商部（后改名为农工商部）绣工科总教习时，还对苏绣的针法、配色进行了大胆变革。刺绣除运用中国传统刺绣的针法和色线，还融合了西方绘画的素描结构和阴阳向背原理，使得绣中的物品不但立体感很强、非常逼真，人物肖像也更加传神。

1910年，她的《意大利皇后爱丽娜像》在南洋劝业会上获奖，随后被作为国礼赠送给意大利。之后在意大利都灵博览会展出，荣获“世界至大荣誉最高级卓越奖”。

1915年，沈寿的《耶稣像》完工，绣织得惟妙惟肖、栩栩如生。更为巧妙的是，沈寿还将这件绣品中所用的一百多种不同色彩的丝线各取一根，在绣像的上方绣成一个十字架，供观众审辨，以此证明这幅绣像的所有部位无一处是绣后染色的。在美国旧金山参加正式展览时，因绣品工艺出色，这幅精美刺绣最终获得金奖。

展览期间，美国有人想高价购买，张謇指示此绣乃“国宝”，只展不卖，会后移到纽约第五街南通办事处继续对外展出。

江西瓷器

1915年巴拿马世博会　获奖

江西景德镇是驰名中外的“瓷都”。景德镇的瓷器具有“白如玉，明如镜，薄如纸，声如磬”四大特点。

以太和坑为代表的祁门瓷土，色纯白，带花纹，俗称“土脑”，有“天然配方”和“瓷土之王”的美誉。在1909年的南洋劝业会上，“胡培春”牌瓷土获得大奖；1915年，在美国旧金山巴拿马太平洋世博会上又荣获银质奖章。

广州牙雕套球

1915年巴拿马世博会　获奖

牙雕，即象牙雕刻，是我国驰名中外的工艺品之一，历来为国内外人们所称绝。早在七千年前，我国的牙雕工艺就达到了一定水平。到了宋代，牙雕艺人创造出刻制象牙套球的绝技，令见者惊愕赞叹。牙雕的技法之一是镂空透雕，这是工艺美术中常用的技法，最有代表性的就是出神入化的镂空透雕象牙套球，它是中国的独创、中国的国粹。

1915年巴拿马万国博览会上，据说曾发生过一件有趣的事：在琳琅满目的展品中，有两件相似的象牙镂空透雕套球，引起了观众的极大兴趣。一件是中国带去的，一件是日本送展的。套球一层套一层，层层都能转动自如，各层球壳上雕的镂空纹饰交错隐现，奇妙无比。或许是因为太奇巧了，竟然引起人们的怀疑。于是当众对这两件象牙套球进行验证。两件展品被放在水中加热，没过多久，日本的牙球展品逐渐散架，原来是用黏合剂黏拼而成的；而中国的这一件却依旧保持原来的形态，那的确是人工镂空制作的牙球，于是，我国广州的牙雕多层镂空球获得了金质奖章。

宝鼎牌保宁醋

1915年巴拿马世博会　获奖

四川阆中，古称保宁，是后唐天成四年（公元929年）置保宁军治的地方（保宁者，保卫安宁之意也），元、明、清均为府制。保宁醋因盛产于保宁府而得名。

《阆中县志》载，民国时期，县城醋坊发展到42家，其产品通称为“保宁醋”。其中最有名气者要数肖泽根的“崇新长”、郑家的“遂生合”、宋家的“明生永”、索家的“索永顺”醋坊。该《县志》中还称：“‘崇新长’醋多用小篾笼包装，古朴、实惠，民国四年（1915年）获巴拿马‘太平洋万国博览会’金质奖章”。《保宁醋总厂志》则称：民国四年十月，“‘田福顺’醋坊生产的保宁醋获巴拿马太平洋万国博览会（也称赛宝会）金质奖章。”

玉堂酱园的酒和酱

1915年巴拿马世博会　获奖

清代著名文学家李汝珍也在《镜花缘》中夸赞玉堂酱园金波酒为天下55种名酒之一，色泽明澈，醇厚芬芳，天下美酒。玉堂酱菜更是味压江南。

1915年玉堂产品在巴拿马太平洋博览会上荣获金牌。据1915年《中国参与巴拿马太平洋博览会纪实》第172页记载：济宁玉堂号万国春酒、宴嘉宾酒、冰雪露酒、金波酒、酱油获5块金牌。

北京信远斋

1915年巴拿马世博会　获奖

“信远斋”是创建于清朝乾隆年间的北京著名老字号，河北衡水萧家在北京琉璃厂开设信远斋蜜果店，主要经营酸梅汤、秋梨膏、果脯蜜饯等食品，用料考究、制作精良，深受达官显贵和平民百姓的喜爱，其招牌产品桂花酸梅汤在1915年巴拿马国际博览会上获得金奖。

北京信远斋食品厂的前身是信远斋蜜果店，始建于清乾隆五年（1740年），原址在东琉璃厂，清光绪翰林、末代皇帝溥仪的老师朱益藩对信远斋的蜜果脯和酸梅汤非常欣赏，曾题写“信远斋蜜果店”匾额，悬挂在门楣之上。

信远斋的酸梅汤是我国传统的医疗保健食品，它按照清宫御膳房方法进行加工制作，独具特色，颇受欢迎。

玉屏箫笛

1915年巴拿马世博会　获奖

玉屏箫笛是中国传统手工箫笛的典型代表，始制于明万历年间，至今已有四百多年历史。明、清两朝，玉屏箫笛被列为贡品，深受皇室垂青，与茅台酒、大方漆器齐名并列为“贵州三宝”。

玉屏箫笛制作以生长在玉屏县特有的水竹为原料，工序繁多复杂。玉屏箫笛中尤以“龙凤屏箫”最受欢迎，它是雌雄成对的策管。雄的略粗，雌的稍细。吹奏起来雄箫音浑厚洪亮；雌箫又音色圆润含蓄而隽永。雌雄合奏，好似一对情侣在合唱，是那样的协调和谐、娓娓动听。

1915年，在美国旧金山巴拿马世博会上，玉屏箫笛获金奖。1990年，玉屏侗族自治县被文化部授予“中国箫笛之乡”称号。

万安罗盘

1915年巴拿马世博会　获奖

罗盘又称罗经，是根据中国四大发明之一的指南针原理和阴阳八卦理论相结合演变制造出来的定位仪。自元末明初以来，万安一直是安徽休宁最为重要的罗盘产地之一，在中国古代民间工艺史上具有难以取代的地位。

万安罗盘有个独特的称呼——“徽盘”，这与徽州人特别崇尚风水和徽州多风水师有关。早期垄断万安罗盘生产的是“方秀水罗经店”，明清时期闻名遐迩。后来曾在“方秀水罗经店”里学艺的吴鲁衡，于雍正年间创立了自己的店号——“吴鲁衡罗经店”。因其所制作的罗盘、日晷等产品，既秉承古法，又有所创新，以质量上乘而畅销各地，远的甚至已销售到朝鲜、日本等国家。吴鲁衡一族的万安罗盘在第五代传人吴毓贤的时候，达到了鼎盛时期，并启用“毓记”标识，继续沿用吴鲁衡品牌。

1915年，吴毓贤与长子吴慰苍合作制作的日晷，获得了巴拿马万国博览会金牌奖章，这是中国工艺品首次荣获国际大奖。

上海美华利插屏钟

1915年巴拿马世博会　获奖

孙梅堂是20世纪二三十年代上海赫赫有名的“钟表大王”。亨达利钟表店原为洋商企业，中文招牌为“亨达利洋行”，孙梅堂从洋人手里并购亨达利后，经他掌管改造，使之成为中国钟表行业的一颗明珠。

1905年，孙梅堂奉父命去宁波家乡创办一个作坊式的制钟实验工场，他不惜重金罗集能工巧匠，以手工为主，终于制造出第一批国产时钟。1912年，孙梅堂为做到产销衔接，将工场从宁波迁到上海杨树浦。1915年，孙梅堂在上海闸北天通庵（现宝山路横浜路）新建了美华利时钟厂，职工扩至百余人。工厂设机械制造部，用机器代替手工生产各种齿轮、轴芯、圆片等零件；另设红木钟架部，组装插屏钟、大钟、天文钟、亭式钟、车站钟、落地钟等。其中插屏钟由于造型轻巧、款式多样，深受一般家庭喜爱。而四面40~60英寸建筑大钟制造成功，更使美华利闻名大江南北。随后美华利以100英寸的四面单套大钟闯出国门，一举获得1915年巴拿马万国博览会的金质奖章。

胡开文地球墨

1915年巴拿马世博会　获奖

“胡开文”墨业的创始人是皖南徽州的胡天注。乾隆三十年（1765年），胡天注在海阳（休宁）和屯溪开了两家胡开文墨店。据传“胡开文”取名源自胡天注自己的姓“胡”和“开文”二字的合并，“开文”是胡天注在开墨店之前，在居安村附近石亭的石匾上看到的字“宏开文运”。

同治年间，芜湖成了文童考试之地，墨的需求量很大，而市面上徽墨供不应求。因此，胡天注的六房四代孙胡贞一，在同治八年（1869年）和同乡一起集资开设了胡开文制墨作坊。光绪五年（1879年），由于股东间拆股，作坊就由胡贞一独资经营，并在店号上加上“沅记”两字。

胡开文沅记墨店以做高级墨为主，在高级墨上追求高额利润，而在群众需要的普通墨上，则以薄利多销为原则争取顾客，以达到广为宣传的效果。到1890年，胡开文沅记已发展成为拥有44名职工的手工业作坊。

1915年，“胡开文”地球墨送往美国旧金山参加巴拿马世博会，获得金质奖章。

鼻烟壶

1915年巴拿马世博会　获奖

相传鼻烟是明朝万历九年（1581年）被意大利人利玛窦带进中国的。清康熙朝，开放海禁后，西方传教士携带大量的鼻烟和盛装鼻烟的玻璃瓶进京，乾隆皇帝常以鼻烟赐赏王公大臣，如此上下沿袭，渐渐地吸鼻烟成为社会时尚。鼻烟壶内画制作工艺就是在这样的背景下发展起来的。

内画，是我国一种特有的传统工艺，它的产生起源于画鼻烟壶。内画以特制的变形细笔，在玻璃、水晶、琥珀等材质的壶坯内，手绘出细致入微的画面。内画艺术分为京、冀、鲁、粤四大流派，其中尤以冀派内画水平最高、影响最大，不久前已入选国家非物质文化遗产保护名录，冀派内画的发源地——河北衡水，还被文化部命名为“中国内画之乡”。

内画壶曾经在1915年美国旧金山巴拿马世博会获奖，在国内外享有盛誉。

北京宫灯

1915年巴拿马世博会　获奖

宫灯原是封建时代宫廷御用照明工具。相传，东汉光武帝刘秀建都洛阳、统一天下后，为了庆贺这一功业，在宫廷里张灯结彩、大摆宴席，盏盏宫灯，各呈艳姿。宫灯本是宫廷皇家专利，后来由于皇上高兴，便赏赐王公大臣，宫灯的制作技术传入民间。“宫灯”之名由此而生。

隋炀帝大业元年正月十五，全城张灯结彩。隋唐之后，每逢元宵节，家家宫灯高挂，处处明灯璀璨，人人提灯漫游，盏盏争奇斗艳。这种风俗，传至全国，波及海外。

由于宫灯起初只限于宫廷和少数王公大臣观赏，所以制作宫灯的原材料多用紫檀、红木、花梨、楠木或结合黄杨木镶嵌镂空花牙以求变化，用高档木料制成，用手工磨光，采用烫蜡涂饰宫灯表面，不但防潮湿而且有种柔和自然的光泽，木质不易变形，且经久耐看。

宫灯大体可以分为两大类：“六方宫灯”和“花灯”。“六方宫灯”是北京宫灯的主要形式，是用紫檀、红木、花梨等贵重木材做骨架，再镶上玻璃或纱绢的画屏而制成。画屏图案有青山绿水、亭台楼阁、折枝花卉、飞禽鸟兽等，丰富多彩。

1915年，北京宫灯在美国巴拿马万国博览会上获得金牌。

白敬宇眼药

1915年巴拿马世博会　获奖

“白敬宇”是一个历史悠久的回商老字号，可以追溯至明朝永乐年间。其祖先是西域信奉伊斯兰教的穆斯林，利用从阿拉伯人那里学来的制药技术以行医卖药为生。白敬宇是药房远祖的名字，为回族名医。精研中草药方，常替贫苦大众治病，在回民心中享有很高的声誉。“金羊眼药铺”所经营的“金羊眼药”在当时因具有神奇的疗效而名扬一方。“金羊眼药铺”的祖传药方，被称为回回千金方。据民间传说，有次乾隆皇帝外出私访，途中染上眼病，两眼红肿、痛痒难忍，服药不愈，后涂上定州眼药，很快病除，乾隆大喜，欣然赏赐御书“金羊药铺”，从此定州白家眼药名声大振，世人争相购买，生意十分兴隆。

20世纪初，白氏后代以先祖的姓名创建了“白敬宇眼药行”，当年的“金羊眼药”也就变成了现在的“白敬宇眼药”。后来，白氏后人先后在北京、南京、天津、石家庄、郑州、济南、西安、汉口、长沙等商业繁华城市设立了白敬宇药行。

1915年，中国的“白敬宇眼药”在巴拿马万国博览会上荣获金奖、名扬海外。连当时有名的日本“大学眼药”和“老笃眼药”都望尘莫及，给国人争了一口气。

福牌阿胶

1915年巴拿马世博会　获奖

传说很久以前，山东流传着一种无法医治的疾病，人们若得了它便吐血而死。当地阿邑有个心地善良的姑娘，名叫阿娇。是她独身一人杀死由天上受贬乌龙转化的黑驴，熬成了一块黄澄澄、亮晶晶、香喷喷的药胶，为乡亲们治好了病。人们为不忘阿娇的恩德，管这药叫阿胶。

明末清初，东阿镇（老东阿县城）阿胶业已达鼎盛时期。邓氏树德堂就是质量最好、规模最大的一家阿胶作坊。慈禧太后服用后，病愈并喜得龙子（即后来的同治帝），咸丰皇帝大悦，赐给邓氏“树德堂”堂主邓发三件礼物：一是四品官服黄马褂，二是进宫手折，三是赐给东阿镇阿胶“福”字，并封树德堂阿胶为“贡胶”。同治十年（1871年），朝廷曾委派钦差前往树德堂监制阿胶，此胶称为“九天贡胶”。御赐“福”字一直为东阿镇制胶人所用，并成为正宗阿胶的标识。

“福”牌阿胶凭借其优选的原料、精良的制作工艺，历经百年，仍充满活力。在1915年巴拿马世博会上获得金奖。

钦州坭兴陶

1915年巴拿马世博会　获奖

钦州桥畔紫烟腾，
巧匠陶瓶写墨鹰。
无尽瓷坭无尽艺，
成功何止似宜兴。

这是中国著名剧作家田汉先生于1962年参观钦州坭兴陶所题的一首七绝《千年古陶——钦州坭兴》。

钦州坭兴陶是中国的四大名陶之一，其陶艺文化源远流长。据考证，钦州坭兴陶产生于隋唐，距今已有1 300多年的历史。

据《钦县县志》记载，陶器原是坭器，“兴”就是喜爱时尚的意思，“坭”、“兴”两字合起来就是钦州的坭器为世俗喜爱的意思，这个名字沿用至今。钦州坭兴陶的神秘与魅力全在于它的质地和工艺的唯一性——不上釉而表面光滑圆亮，不上色而颜色五彩缤纷，透气而不透水，各种微量元素对人体有益而无害。

1915年在美国旧金山举办的巴拿马太平洋万国博览会上，黎旭春、黎旭东联手创作的坭兴陶作品山水花鸟瓶一对，成为参观者争相观赏的焦点展品，一举夺得陶器类第二名金牌奖。连当时的美国总统伍德罗·威尔逊、副总统托马斯·马歇尔以及前总统西奥多·罗斯福也于开幕式首日亲临过中国馆后再次光临，对钦州坭兴陶艺品赞扬有加。

广东广奇香罐头食品

1915年巴拿马世博会　获奖

“鹰金钱”的前身是“广奇香罐头厂”，广奇香罐头果品瓜笋曾在1915年巴拿马万国博览会上荣获金牌奖章。

据史料记载，清朝光绪十九年（1893年）张广元投资白银十万两在广州建立中国最早的罐头食品加工厂——广茂香罐头厂，1906年上海建立了我国第二家罐头食品厂——泰丰食品公司。1912年，“广茂香”商标在香港注册。广茂香罐头厂在重组后，先后更名为广州广奇香罐头厂、广利和罐头厂，产品销往香港、东南亚及美国等地。

宣威火腿

1915年巴拿马世博会　获奖

宣威火腿是云南著名特产之一，素以风味独特而与浙江金华火腿齐名媲美，蜚声中外。其品质优良，足以代表云南火腿，故常称“云腿”。

宣威火腿之得名，在清雍正四年，滇东地区“改土归流”鄂尔泰新置宣威州以后。当时，四乡八里的农人，为换点盐巴钱常将自家腌制的火腿背进宣威城里进行交易，偶有人问及所卖何物，卖主就答曰：“宣威火腿。”但宣威火腿加工的肇始年代，则比其得名要早得多，据考证，宣威火腿的腌制起源于汉族民间生活。

宣威火腿驰名中外，早在1915年的国际巴拿马博览会上荣获金奖，成为云南省最早进入国际市场的名特食品之一。

1923年在广州举办的全国各地食品比赛会上，宣威火腿获得各界人士的好评，在这次赛会上，孙中山先生品尝了宣威火腿，觉其色鲜嫩，味香回甜，食而不腻，备加赞赏，留下了“饮和食德”的题词。将宣威火腿制成“云腿”罐头的工厂，也取名为“德和罐头厂”。从此宣威火腿名声大振，远销东南亚和港澳地区，现在还出口日本和欧美一些国家。

鼎鼎肉绒

1915年巴拿马世博会　获奖

才过西郊橄榄风，枇杷欲老荔枝红。

小楼夜雨烹牛脍，花巷青帘卖肉绒。

这是近代著名诗人沈轶刘对福州特产肉绒的称赞。肉绒，即肉松，是福州家喻户晓的肉类制品。

有肉松始于晚清，肉松的发源地在三坊七巷的光禄坊。肉松的创始人大名叫林振光，小名林鼎鼎。林鼎鼎因在一次办理家宴主厨时，忙中出错，却创造出百年品牌“鼎日有”肉绒。

自鼎鼎肉绒的发明到现在已经经历了150个年头。其中，1856~1915年这个阶段是“鼎鼎”品牌的创立阶段，随着肉松制作工艺与技术的不断完善，“鼎鼎肉绒”深受当时达官贵人的喜爱，并作为福建土特产成为清廷钦定的皇家贡品。

1915年“鼎鼎肉绒”参加巴拿马万国博览会评比，一举荣获金奖，更是享誉全球；为此曾任国民政府福建省主席、海军名将萨镇冰手书一联赞道：“酥制肉绒福建第一、宝鼎老牌名震全球。”

松鹤漆器盒

1915年巴拿马世博会　获奖

福州地区民间制作的"兰记"脱胎漆器制品于1915~1940年参加美国芝加哥、旧金山、费城、巴拿马、英国伦敦、菲律宾马尼拉等地举办的国际博览会展出，均获金奖。松鹤漆器盒15件，曾在美国巴拿马赛会夺得银牌奖。

莱芜锡雕

1915年巴拿马世博会 获奖

中国锡雕最出名产地当属山东莱芜。莱芜锡雕工艺经过几代能工巧匠的努力，产品独树一帜且声名远播。据说，当年乾隆皇帝的女儿出嫁曲阜时，曾专门派人到莱芜定制了一套锡雕工艺用品，包括茶酒餐具、烛台、檀香炉等。后来，莱芜的历任县令也都定做一套，成为地位和权势的象征。

西关王家是莱芜锡雕有代表性的世家。1780年，王氏家族根据精锡质地温润、色泽洁净、坚而不损、适于奏力的特点，创造性地将雕刻艺术用于锡雕生产，制出了第一批锡制品——配套茶酒具。山东曲阜博物馆藏品中有一套清代中期满汉全席的餐具数件，是莱芜锡雕第三代传人制作的。发展到第五代传人王俊亭时，莱芜锡雕闯入世界艺坛。

曾在1915年巴拿马世博会上获国际银牌奖的古香炉，分为三层，下层以倒探的三条龙为腿，三龙吐须为足；中层三龙腾云，纹饰细微、图案精美、古色古香；上层炉顶为三龙戏珠，雕花精巧。整个香炉三层九龙，各显神态，栩栩如生，堪称奇品。

哈氏风筝

1915年巴拿马世博会　获奖

明、清以来，北京就是风筝的传统产地，以制作精巧而著称。老北京的风筝根据制作的工艺风俗，分为两大家：一家是“风筝哈”，一家是“风筝金”。他们的风筝都是纯手工制作，用线拴出弧形来就能飞，摊平了就是挂在墙壁上的艺术欣赏品。金氏在地安门大街的火神庙前摆风筝摊，哈氏在琉璃厂开风筝铺。一北一南，各有特色。

哈氏风筝一般使用高级的绢制作，选材严谨，制作工艺讲究，具有很高的艺术价值和审美价值。哈氏风筝中的“大沙燕”作为北京风筝的代表，具有鲜明的地方特色。

1915年，由哈国良制作的“蝴蝶”、“蜻蜓”、“仙鹤”、“花凤”4只软翅风筝，在巴拿马万国博览会上荣获银质奖。当时流传着这样一个故事：巴拿马万国博览会的奖牌和奖状从美国邮寄到北京和平门邮局，邮局通知，发来的有金牌奖和银牌奖，要拿钱去取。取金牌奖要交两块银元，银牌奖交一块银元。哈家东拼西凑，才凑足了一块银元，只好领出银牌奖。从此，就留下了哈氏风筝得了银质奖章的说法。

哈氏风筝享誉海内外。如今在旧金山自然博物馆里，还珍藏着哈长英的4件风筝精品：莲花葫芦、香炉鼎、钟馗和双鱼。这些风筝至今已近百年了。目前，哈氏风筝已被列入北京市级非物质文化遗产名录。

谢馥春鹅蛋粉

1915年巴拿马世博会　获奖

谢馥春创建于清朝道光十年（1830年），创始人谢宏业取“谢馥春”为店名。

古代扬州女子的化妆，旧称面饰。追溯至隋唐，就盛用螺子黛（古称石墨）画蛾眉为尚，至宋代喜涂口红，明清爱抹胭脂敷香粉。清代尤以敷香粉为美，以用谢馥春香粉为荣。清末，谢馥春集明朝的戴春林和清朝的薛天锡两家香粉店之长，在香粉中融合了中草药的药用功能，采用鲜花熏染、冰麝定香之工艺，并对粉型作了改进，制成鸭蛋香粉。在继承扬州美妆文化的基础上，发扬并形成了自己独特的“东方化、功效化、天然化、人性化”的风格，从而鸭蛋香粉声名鹊起，名扬大江南北。故而扬州出美女，源自谢馥春。

在1915年举行的巴拿马万国国际博览会上，在品种众多的化妆品中。“扬州谢馥春香粉”独占鳌头，大出风头，名噪一时，荣获大会的国际银质奖章和奖状。这是我国最早获得国际银质奖章和奖状的化妆品。

浙江青田石雕

1915年巴拿马世博会　获奖

青田石，学名叶蜡石，温润如玉，色彩艳丽，目前发现的青田石共有148个品种。因其色彩丰富、光泽秀润，质地细腻，软硬适中，故非常适合雕刻。石雕艺人们发挥青田石可雕性的优势，开创了“多层次镂雕”技艺，雕镂的线条可细微到头发丝而不断裂。

青田石雕是民间艺术宝库中一颗璀璨的明珠，历史悠久。现在可以查证的最早作品是1989年江西新干县出土的吴越文化的文物——殷商时期的“玉羽人”。

清代，青田石雕作为江南名产屡被选为贡品。其中，1790年，清乾隆八旬万寿节，大臣敬献的寿礼60枚青田石印章“宝典福书”至今仍珍藏在故宫博物院。1915年巴拿马世博会上，青田石雕获得银奖，将青田石雕艺术推向世界舞台。

常州梳篦

1915年巴拿马世博会
1926年美国费城世博会　获奖

篦梳，又称栉，是我国古代八大发饰之一。常州篦梳流行至今已有1 500多年的历史。

据传，制篦业的祖师当是陈七子。春秋时期，陈七子为吏，因罪入狱。因狱中生活条件极差，陈七子头上生满虱子，奇痒无比。一次，陈七子被狱卒用毛竹板痛揍后，发现毛竹板裂成了一条条篦片。陈七子将其整理扎压后，用其清除头上的灰垢和虱子。这就是最初的篦箕。据说，后来每年农历二月十八日和九月二十八日，梳篦业都要举行仪式，祭祀祖师，以祈求自己生意兴隆。

隋朝开凿的京杭大运河从常州穿城而过，当时运河两岸的整街满巷都是篦梳作坊，故有木梳街、篦箕巷之称。

到清代乾隆时期，常州城中已是削竹成篦、比户皆为的景象。光绪年间，苏州织造府官员每年农历七月总要到常州定制60把黄杨木梳、60把梅木脊梁象牙的高级梳篦，并在十月间连同6套龙袍、600朵宫花送到紫禁城，作为贡品进献皇帝，这就是宫梳名篦的由来。据说，慈禧太后对常州的梳篦尤为钟爱。

后来，常州的梳篦逐渐传入海内外，1915年在巴拿马国际博览会上获得银质奖，1926年在美国费城国际博览会上获得金质奖。

江苏江阴柳致和加皮酒、玫瑰酒

1915年巴拿马世博会　获奖

柳宝诒乃晚清名医，江阴市周庄镇人氏。其一生博览群书，学问深邃，尤精医道，对历代名医著无不熟读精研。柳宝诒于光绪二十年（1894年）在江阴城中大街开设“柳致和堂分店”，即现今“致和堂药店”，并将各方中药的炮制、配伍、治病之理逐方详释，汇编成《柳致和堂丸散膏丹释义》一书，于光绪二十四年以木刻版印行。

在中医药界亦流传有“北有同仁堂，南有胡余庆堂，中有致和堂”的说法。柳致和堂炮制的加皮酒、玫瑰酒于1915年获美国旧金山巴拿马世博会银奖。

江苏南通吕四盐公司的盐

1915年巴拿马世博会　获奖

1903年，张謇与同人集资收购淮南吕四场的李通源垣产，创建同仁泰盐业公司，开近代中国以资本主义生产方式经营盐业之先河。

张謇对淮南盐地进行废灶兴垦，缘于1895年他受命筹办通海团练、规划沿海防务时，发现通海地区海滨有大片弃置无用的荒滩，触发了开垦生利的想法。此前很久，因海势东迁，淮南各盐场卤气渐淡，煎盐生产萎缩，但囿于旧有盐政制度，滩涂只许蓄草供煎。其时大生纱厂办有成效，扩充棉源提上议事日程。1900年张謇与同人集资在吕四场南部创办通海垦牧公司，拉开废灶兴垦大幕。遂于民国初年，在整个淮南盐区20所盐场数以千万亩计的宏阔区域里，掀起废灶兴垦大潮。先进的集股经营方法，先进的水利工程规划，先进的改良土壤技术，先进的业佃双利制度，先进的垦区管理模式，使淮南盐垦区域成为当时最具生气的农业区域。并且在建国后接续发展成为全国重点产棉基地，确实是国土资源利用效率上的一个伟大的进步，在推进中国农业走向近代化的历史上写下了浓重的一笔。

时人将张謇此举比拟于宋代倡修淮南捍海堰的范仲淹，故有“范公筑堤，张公兴垦”之美誉。江苏南通吕四盐公司的盐，获得了1915年美国旧金山巴拿马世博会大奖。

北京雕漆

1915年巴拿马世博会　获奖

北京雕漆和一般的漆器不同，是以雕刻见长。在漆胎上涂几十层到几百层漆，厚15~25毫米，再用刀进行雕刻，故称“雕漆”。在史书上雕漆又可称为“剔红”，这是习惯性的称法，因为在古代的雕漆制品中，主要是以红、绿颜色为主。

据史料记载，北京雕漆始于唐代，兴于宋、元，盛于明、清。但是，繁荣一时的北京雕漆，在乾隆以后却逐渐衰退，到光绪二十二年（1896年）已无官营作坊，技艺几乎失传。后由于清宫内需要修理雕漆工艺品，北京的民间雕漆又兴起。当时有油漆彩画艺人萧兴达、李茂隆等，他们从清宫内需要修理的破损雕漆品上得到启发，并合作创办了雕漆作坊，于清光绪二十七年（1901年）下半年，在北京剪子巷开业，取名“继古斋雕漆商会”，其技艺有明显的北京地方色彩。刀法棱角清晰，题材以花鸟龙凤、山水人物、吉祥图案为多。

萧兴达、萧乐安、李茂隆等人制作的“群仙祝寿”大围屏，曾在1915年美国旧金山举办的巴拿马国际博览会上获得一等奖，受到国际友人的好评。从此，北京雕漆扬名海内外。

紫砂陶艺

1915年巴拿马世博会
1926年费城世博会　获奖

宜兴的著名特产紫砂壶，是中国陶瓷艺术中的瑰宝，因具有极高的实用和欣赏价值而蜚声中外。

宜兴的紫砂生产，始于北宋中期。北宋诗人梅尧臣的诗中就有“小石冷泉留早味，紫泥新品泛春华”以及“雪贮双砂罂诗琢玉无瑕”等句。明代中期，紫砂陶开始盛行。明末，紫砂产品由葡萄牙商人带到欧洲，被称为“红色瓷器”。清代，紫砂工艺迅速发展，产品的式样和风格比明代更为奇特，新品种也不断增加。

嘉庆、道光年间，金石家陈鸿寿倡导“诗文书画，不必十分到家”，但必须要见“天趣”。他自绘壶式18种，由杨彭年制作，用竹刀在壶坯上面镌刻书画，由此“壶随字贵，字依壶传”，开创了文人名士直接参与紫砂创作之先河。

宜兴紫泥，千百年来养育了一代代能工巧匠。清末民初，紫砂名匠辈出，杰出的代表人物有黄玉麟、俞国良、程寿珍、范鼎甫、范大生等，精品迭出，各擅胜场，一些作品在国际展览中获得奖项，较有影响的是由蜀山利永公司选送的紫砂器，首次获1915年巴拿马国际赛会头等奖。1926年选送的宜兴紫砂大花瓶和多式茶壶杯碟，获美国费城万国博览会特等奖。

葡萄常

1915年巴拿马世博会　获奖

玻璃料器葡萄，是北京手工工艺一绝。吹制而成的玻璃葡萄颗粒丰满，紫色的葡萄带着一层白霜，鲜艳逼真。观者无不惊叹，一些年幼的孩子竟然固执地非“吃”不可。

百多年前，北京崇文门外花市大街有一条胡同，名叫下唐刀；胡同里住着一家原名韩其哈日布的手工艺人，从正蓝旗的蒙古营里搬出来，靠做料器玩具维持家计。他能做各种葫芦、果品，最拿手的就是烧制软枝紫葡萄，可以乱真，被称为“葡萄常”而名扬京城。据说1894年，光绪皇帝在颐和园为慈禧做六十大寿，慈禧到颐和园大戏楼准备看戏时，突然发现有一株葡萄，果实累累，晶莹剔透。阴历十月，北京已进入冬季，慈禧见到这么鲜灵的葡萄，不禁传旨采摘食用。太监忙回禀：“那是假的”。慈禧非常惊讶，问为何人所做。经查得知是韩其哈日布及其妻所做。慈禧大喜，赐名为“常在”，并赐匾“天仪常”。

“葡萄常”一时名噪京城，后来也闻名世界。常家第二代传人精心制作的玻璃葡萄参加了1915年巴拿马博览会并获奖。

武穴竹艺

1915年巴拿马世博会　获奖

湖北武穴的竹制家具十分著名，艺人章水泉的代表作品花竹椅，结构严谨，式样美观。他用小竹片拼成的椅面，不仅光洁平滑，而且不透水，用紫竹作椅子下部的支撑，再用小竹牙拼成透空的“龟纹”，椅子的背靠是两边对称的拼成斜形的“万字格”、“古老线”，中间为正“米字格”。竹椅本身呈黄色，两色相衬，分外鲜明。而用竹牙拼成的透空图案，好似竹篾编织成的。章水泉选料严格，制作精细，他制作的花竹椅即使用了半个世纪，被汗渍成了暗红色，依然坚实如故，不散架，不变形，不发裂。

民国四年（1915年），武穴商会将章水泉制作的花竹椅邮寄当时国民政府农商部，转送巴拿马工艺品赛会展出，并获奖。不久，他的竹器制品又被日本商人买去，转送到日本大阪工艺品赛会展出，荣获二等奖。此后，武穴竹艺便驰名中外。新中国成立后，章水泉的竹器受到重视，被拍摄成了纪录影片《巧夺天工》，还编印了章水泉口述的《竹器工艺》一书，使这门技艺得到传承。

婺源汪晋和绿茶

1915年巴拿马世博会　获奖

江西省婺源县是一个多山地区，境内群山逶迤，烟云缭绕，气候温润，雨量充沛，很适宜于茶树的生长。唐代陆羽所著《茶经》中，有歙州（当时婺源属歙州）茶“生婺源山谷”的记载。唐大中十年，朝廷膳夫杨华撰《膳夫经手录》中记载：“婺源方茶，置制精好，不杂木叶，……人皆尚之”。南唐都置制使刘津撰《婺源诸县都不得置制新城记》中，称“婺源茶货实多”。

宋朝，婺源产制的茶叶已出类拔萃。至清乾隆间，婺源茶叶被列为中国外贸出口的主要物资之一，并开始精制外销，获得了国际茶界的赞誉。

美国威廉·乌克斯在所著《茶叶全书》中，称赞“婺源茶不独为路庄绿茶中之上品，且为中国绿茶品质之最优者。其特征在于叶质柔软细嫩而光滑，水色澄清而滋润。”

清代茶商汪晋和，字学文，婺源人，幼承先人茶业。在屯溪经营“林茂昌”茶号，其经营范围为全屯溪之最，成品质量亦名列前茅。后见茶叶凋敝，遂悉心改良，曾在清廷农工商部举办的南洋劝业会上展出并获一等奖，后又在美国旧金山巴拿马世博会上获二等奖。

南山白毛茶

1915年巴拿马世博会　获奖

南山白毛茶，产于广西壮族自治区横县南山，因茶叶背面披有茂密的白色茸毛而得名，属绿茶类名茶。

据《横州志》记载，明朝朱元璋的孙子建文帝，在“靖难之役”后隐居宝华山，常于早上散步观朝烟之景来养神，并多品花果名茶以明智。每每留心优良品种，采摘后在寿佛寺院北垦地植之，更兼拜民间师傅学制茶。由于其专心聪慧，不久便成为制茶高手。这样，好品种加上高手艺，经建文帝种植和制作出的茶叶，成为南山之上品白毛茶，远近闻名。村民奉为圣品。建文帝离寺后，其所植之茶得村民保护，制茶手艺也传了下来。

明朝崇祯丁丑年（1637年）中秋节，著名地理学家、旅游家徐霞客考察游览南山，当时在应天寺外赏月品茶，对南山白毛茶的色、香、味赞叹不止。清嘉庆年间此茶列为全国名茶之一。

1915年，南山白毛茶参展美国举办的纪念巴拿马运河开航的万国博览会，荣获二等奖。民国二十二年（1933年），当时的广西省政府给“南山白毛花”赠“品胜武彝”四个字。在旧时代，此茶只有上层人士才能享受。

“泥人张”彩塑

1915年巴拿马世博会　获奖

天津泥人在清代乾隆、嘉庆年间已享有很大声誉。泥人张的创始人是张明山（1826~1906年），他18岁那年，京剧名角余三胜来天津演出，张明山一面看戏，一面“袖底乾坤”，当场就在自己的大袖筒里把余三胜在戏中的扮相给捏了下来。“简直神了，只比真人少一口气儿”。“泥人张”的名头立即轰动津沽。

张明山捏泥人，据说他只需和人对面坐谈，搏土于手，不动声色，信手拈来，逼真酷肖，令人叹绝。面目径寸，栩栩如生，须眉俗动。

“泥人张”的代表作是《钟馗嫁妹》。《钟馗嫁妹》活灵活现地展示了钟馗带领大小鬼为其妹护驾送亲的场面，一个个神态可掬，人情世态，显现无遗。有人说这个泥塑巨作恰似活生生一幅反映北洋军阀统治下社会众生相的讽刺画卷。1915年，在美国举行的巴拿马万国博览会上，包括《钟馗嫁妹》在内的16件“泥人张”作品获奖，并被誉为是出类拔萃之作。

“泥人张”的闻名，不仅是因为他的艺术作品具有生动的神韵和精湛的技艺，还因为他的艺术作品把中华民族特有的民族气质和文化积淀一起镶嵌在世界民间雕塑的殿堂。

德化瓷器

1915年巴拿马世博会　获奖

福建德化县盛产青釉器和青白釉器，造型优美，瓷质优良，历来以绝世精品扬名四海、风靡世界。福建德化曾同江西景德镇、湖南醴陵并列，被称为中国三大瓷都。

元代时，德化瓷器，已成为封建皇宫朝廷应用的器物。《马可波罗行记》中这样写道：德化"制造碗；磁器，既多且美"，"作各种大小磁碟子，品质皆是可想象的那样最美丽……。这里制造很多，价格便宜，一个威尼斯格罗币可以买三个碟，并且皆是顶好的，比那再好是你们想不到的了。"马氏于1292年离开中国时，从福建带去白色瓷器与彩色小瓷瓶，存于威尼斯市之圣马可宝藏所。今天，印尼的雅加达博物馆也收藏着德化元末生产的书写阿拉伯文的釉外云彩大盘和白地青花中碗等瓷器。

17、18世纪，德化瓷器以它洁白的瓷胎和釉色、适应西方用途的品种和具有东方艺术风格的观音瓷塑像而著称于欧洲。欧洲人称德化瓷器所特有的洁白如玉的釉色为"中国白"，直到现在，荷兰等欧洲国家还是这样称呼它。

1915年，德化瓷一代宗师苏学金创作的瓷塑梅花入展巴拿马万国博览会，获得优胜奖。时县令吴承铣为表彰其作品为德化瓷赢得国际荣誉，特题赠"极深研究"匾额。

贵州都匀毛尖

1915年巴拿马世博会　获奖

"贵州三宝"为贵州茅台、都匀毛尖、大方漆器。早在1915年的巴拿马博览会上，贵州不单是茅台酒获奖，贵州都匀毛尖茶也以其优良的品质获得优胜奖，后人誉为"北有仁怀茅台酒，南有都匀毛尖茶"。此外，"都匀毛尖"还有幸得到毛主席亲自取名。

都匀毛尖茶又名"都匀细毛尖"、"白毛尖"、"鱼钩茶"、"雀舌茶"，产于贵州南部的都匀市。都匀毛尖茶生产历史悠久，迄今已五百多年。都匀毛尖外形可以和碧螺春媲美，内质可以和信阳毛尖并论，其茶牙尖细如条，色泽绿中带黄，白毫特多，茶水甘爽、清香，素以"干茶绿中带黄，汤色绿中透黄，叶底绿中显黄"的"三绿三黄"特色著称。

"细细毛尖挂金钩，都匀毛尖传九州，世人只知毛尖好，毛尖虽好茶农愁。"

这是布依族世代相传的一首民谣，它道出了都匀毛尖茶形如金钩，清香淡雅，被人称赞，同时也透露了从前茶农内心的忧愁。

都匀毛尖茶，原产地在都匀市与贵定县交界的云雾山上。后来人工栽培于都匀市郊蟒山下的茶农寨一带，每年清明前三五日采摘第一批为上品。《都匀府志》记载：明初为上贡茶。建国后又远销日本、新加坡等国及港、澳地区。都匀毛尖茶誉满全球，名不虚传。

福州纸伞

1915年巴拿马世博会
1933年芝加哥世博会　获奖

中国纸伞最有名的当属福州纸伞。福州纸伞的特色在于雨水冲淋也不脱骨、不漏水、不褪色，选料精、上油腻、绘花雅，蔚为全国纸伞之冠。

福州纸伞在1915年美国旧金山巴拿马世博会上获得过银奖。当时评委们用“破坏性检测”对各国伞的样品进行了一番评选，福州“杨常利”的“双喜牌”纸伞历经1 170次的反复收撑不起顶、不断线、不裂槽；经5级逆风吹20分钟伞柄不折、伞骨完好，令在场人士叹为观止。福州纸伞还曾在1933年芝加哥世博会上获优秀奖。

嵌银漆器

1915年巴拿马世博会　获奖

山东潍坊的嵌银漆器是全国独有的手工艺品，蜚声海内外。它始创于清朝道光年间，迄今已有近两百年的历史。红木嵌银漆器早在1915年就荣获巴拿马国际博览会最优奖。它以名贵红木、天然大漆和金银丝为主要原料，精工雕磨镶嵌而成。纹样采用中国画的白描方法，嵌以不同形式的山水花鸟、古装人物和青铜器花纹，使产品在造型、镶嵌和雕刻艺术上巧妙地融为一体，独具民族风格和地方特色。既是实用品，又是精美绝伦的高档艺术品。

湖南菊花石雕

1915年巴拿马世博会　获奖

菊花石雕是用菊花石雕刻而成的。天然菊花石资源稀少罕见，世界上只有中国湖南浏阳出产，浏阳菊花石被誉为“全球第一”。这种岩石与众不同，其色泽呈灰色或灰黑色，上面显现着一朵朵天然生成的菊花状白色花纹，其花纹洁白晶莹，奇趣天成。

传说两百多年以前，当地人无意在浏阳县永和镇附近的碧波潭中发现此种奇石，于是当作珍物取回家中。乡中的能工巧匠，根据菊花石的天然形态，琢磨出各式巧夺天工的艺术品，乾隆年间作为献礼上贡朝廷。从此，浏阳菊花石和菊花石雕，名噪一时。

用浏阳菊花石刻制成黑白分明、精美绝伦的观赏奇石，是我国特有的玉石工艺奇葩。中华人民共和国地质矿产部将其列入宝石类，并命名“玉叠妃”，是迄今世界上独一无二的珍贵奇石。

据《浏阳县志》载，1915年，巴拿马万国博览会，我国工艺大师戴清升之绝创“映雪”花瓶、“梅、兰、竹、菊”屏风参展，令世人瞠目，拍案惊奇“石头能开花”。一举荣获“稀世珍品金奖”，至今保存在联合国博物馆。

上海葛德和陶器

1915年巴拿马世博会　获奖

葛德和陶瓷商店是创始于光绪二十一年专营陶瓷的百年老店。

葛德和陶器行为丁山白宕人氏葛德和所创办。清咸丰十年（1860年），葛氏家族将规模扩大，地址在丁山白宕原址。清宣统二年（1910年），葛氏的后代葛翼云至上海开设“葛德和陶器店”，是上海最早的陶器商店。葛德和陶器商店专销自产的缸、甏、钵、砂锅和祖传的均釉工艺陶器。其中无釉花盆，颜色经日晒夜露，益发鲜艳动人。

民国元年（1912年），葛翼云又和日本商人合资，在日本名古屋开设陶器商行，既经营宜兴均陶产品，亦经营紫砂陶器。

1915年在旧金山巴拿马国际博览会上，葛德和陶器获奖状和奖章。从此，该店名扬海内外，外商订货都指定要葛德和造的落款。

建国后，葛德和门面扩大，品种增加，有龙山黑陶、磁州宋瓶、龙泉青瓷、景德镇薄胎、德化彩瓷等各地名窑精品，还备有唐山釉面砖、佛山彩色卫生设备等建筑材料和家用器具。

唐山水泥

1915年巴拿马世博会　获奖

清末，中国出品的唐山水泥在1904年世博会获得过金奖，抱回金奖的是启新洋灰公司。启新洋灰公司的创始人就是中国近代史上著名的实业家周学熙，总技师是德国人汉斯·昆德。

水泥，原是舶来品，旧称洋灰。光绪十六年（1890年）后，清朝曾开办过唐山细棉土厂，但是规模很小。到光绪二十四年（1898年），周学熙接任开平矿务局总办后重新开办（1900年）唐山细棉土厂，重金礼聘了两员大将，其中之一就是德国工程师汉斯·昆德。

昆德一上任，就把唐山的土石样品送到德国去化验，并且根据化验数据得出结论：本地有上好的原料，完全可以就地取材生产高质量的洋灰，解决了国产化的关键技术。在庚子年间动乱之中，这个忠于职守、诚实可靠的德国人，在厂区张挂起德国旗，坚守岗位保护了工厂。在动乱刚过、生产条件不完全具备时，就开始试烧洋灰，成功地烧出样品打到了海外，1904年参加在美国圣路易斯城举办的“世博会”，开天辟地为中国工业产品、为中国水泥抱回了第一块世博会金牌，后来又创出了响当当的名牌“马牌”洋灰。

浙江乐清黄杨木雕

1915年巴拿马世博会　获奖

历史悠久、风格淳朴的黄杨木雕，与东阳木雕、青田石雕并称“浙江三雕”，主要产区在浙江省温州、乐清等地。

黄杨木雕因所雕刻木材是黄杨木而得名。乐清黄杨木雕是以黄杨木为材料的一种观赏性的圆雕艺术。

相传黄杨木雕是清末一个名叫叶承荣的放牛娃发明的。叶承荣是浙江乐清县人。他在跟当地一位很有名气的民间老艺人学艺时，发现黄杨木木质坚韧，纹理细腻，色彩光泽均为其他木质所不及，是用于雕刻的好材料。从此，他开始用黄杨木雕刻作品。

黄杨木雕起源于民间元宵节时盛行的“龙灯会”上木雕龙灯装饰的木雕小佛像。至清末发展成为以精细见长的优美的工艺欣赏品，供人们案头摆设。作品受清末文人画的造型风格和线条影响，具有刀法纯朴圆润、细密流畅，刻画人物形神兼备，结构虚实相间和诗情画意的特色。内容题材大多表现中国民间神话传说中的人物，如：八仙、寿星、关公、弥勒佛、观音等。

1915年，巴拿马世博会上乐清黄杨木雕捧回赛会奖状和奖章。

湖南湘潭龙牌酱油

1915年巴拿马世博会　获奖

湖南湘潭素来有“酱油王国”之称。湘潭龙牌酱油是湘潭特产。《湘潭县志》记载，湘潭市酱作业首创自清乾隆初年本县商人龚裴然，当时龚庆祥斋酒酱作坊生产的酱油“汁浓郁、色乌红、香温馨”，被称为“色香味三绝”。

早在一百多年前，清代大学者、著名书法家何绍基就在品味龙牌酱油做的佳肴后，留下了“三餐人永寿，一滴味无穷”的名句。

湘潭龙牌酱油除有“酱香浓郁、滋味鲜美、咸甜可口和久贮不变、无浑浊沉淀及霉花浮膜”等独特优点外，还含有260多种香气成分及人体所必需的氨基酸，乃上等营养佳品。其之所以能香满天下，是因为选料、制作乃至储具都十分讲究。

1915年，湘潭龙牌酱油荣获巴拿马国际博览会奖。1966年开始对外出口，远销港、澳地区和新加坡、日本、美国等国家。1981年荣获国家银质奖章。1988年获得首届食品博览会金奖。获奖后，中华全国归侨联合会主席张国基题词致贺：“天厨臻味觉，鼎镬赖调和。”

景芝白乾酒

1915年巴拿马世博会　获奖

宋词研究专家朱靖华在《苏轼与景芝酒》中道出，当年密州知府苏东坡正是畅饮了一种名为景芝高烧（景芝白乾的前身）的佳酿后写下了《水调歌头》，而景芝高烧的产地是与密州一河之隔的山东景芝镇。

景芝白乾酒，产于宋代，盛名于明清时期，距今已有近千年的酿造历史，被誉为中国白酒正宗高粱大曲酒。1915年，景芝白乾作为山东省唯一白酒代表参加了巴拿马万国博览会。1959年，又参加了印度国际博览会，香飘异域。

北京绢花

1915年巴拿马世博会　获奖

相传在距今一千多年的唐代，杨贵妃的左鬓角上有块伤疤，每天都要让宫女们采摘鲜花戴在鬓角上。但到了冬天，鲜花凋谢。于是，一个心灵手巧的宫女用绫罗绸缎制作成假花献给贵妃。后来，这种“头饰花”传到民间，很快盛行一时。唐代著名画家周昉的《簪花仕女图》，就形象地绘出了当时妇女戴花的情景。

绢花在我国的许多地方都能制作，但北京所产最具特色。元明清以来，北京作为皇都，便自然成为全国的绢花制作中心，此时绢花也被人称作“京花”，而崇文门外的花儿市又成了“京花”的集散地。所以历来有“全国绢花出京师，京师绢花出花市”之说。崇文门外的神木厂大街，街以物名，称为花市。清乾隆十五年（1750年）刊印的《京师全图》即以“花市”标注，沿用至今。

康熙盛世时，花行出现了“花儿金”、“花儿刘”、“花儿高”等著名人物，其中被时人称作“花儿刘”的就是著名的民间绢花艺人刘亨元，他制作的绢花曾在1915年巴拿马万国博览会上获奖。

北京绢花是用高级纯丝制作而成，目前已被列入北京市级非物质文化遗产名录。

商绢

1915年巴拿马世博会　获奖

商丝为桑蚕丝缫成，商绢系商丝织就，二者均属商城传统名产。

商城县位于河南信阳，植桑养蚕始于宋代，盛于明清。清代，商丝就以拉力好、弹性好、色泽好著称于世，远销湖广。

1914年，商绢的两个品种“青灰绢”、“净白绢”参加美国旧金山“巴拿马万国商品博览会”，深受赞誉，美、日等国商人争相订货，使商绢蜚声国际市场。特别是商城珍稀野生天蚕，所吐彩丝被国际誉为“纤维宝石”。

我国约在4 700年前已能利用蚕丝制作丝线、编织丝带和简单的丝织品。约在公元前1600~前 770年的商周时期，已利用蚕丝织制罗、绫、纨、纱、绉、绮、锦、绣等丝织品。2 300年前的战国时期，能利用蚕丝织制复杂的动物纹样和各种菱形花纹的绫、罗等丝织品。在2 100年前的西汉，已能用蚕丝制成每平方米仅重15克的轻薄丝织物。公元前138年汉武帝派张骞出使西域，经过中亚细亚，把蚕桑技术和丝绸织品传向波斯、罗马等地。此后，中国的丝绸产品经过此路输向西方，这条商旅要道遂被誉为丝绸之路。后来，又经“海上丝绸之路”、“丝绸之路北路”把丝绸技术传到东南亚、中东、非洲等地。

八宝印泥

1915年巴拿马世博会 获奖

印泥，是书房中的必备之品，但一般印泥易脱落，不耐藏，而已有三百多年历史的漳州八宝印泥则具有色泽鲜艳、气味芬芳、浸水不化、火烧留迹、燥天不干、雨天不霉、夏天不油、冬不凝冻等八大优点，因而受到文人墨士的欢迎。

八宝印泥来自清康熙十二年，漳州府管辖下的天宝祥镇一位药材商人魏长安所制八宝药膏。八宝印泥制成不久即风行于世，驰名京都。书画篆刻界都以使用八宝印泥为高雅。名声传至朝廷，被列为贡品。清末以来就远销东南亚。

清宣统二年（1910年）参加南洋第一次劝业会，民国四年（1915年）参加巴拿马万国博览会，后又陆续参加一些展览会，得过特等奖、优等奖、甲等奖。民国九年（1920年），孙中山先生为它题词“品重珍珠”。许多华侨团体也题词赠匾，称它“驰誉神州”、“金石增辉”、“国货之光”。

龙泉宝剑

1915年巴拿马世博会　获奖

龙泉宝剑，相传创始于春秋战国时代，至今已有两千多年的悠久历史。民间广泛流传着欧冶子铸剑的故事。传说欧冶子是越国人，他铸造刀剑的技艺，闻名遐迩。史载他为越王铸了湛庐、纯钧、胜邪、鱼肠、巨阙五剑，是中国古代铸剑鼻祖。为了给勾践铸剑，他来到龙泉，在离龙泉县城两里多路的秦溪山，发现铁砂矿。于是，秦溪山就成了他的铸剑基地。

秦溪脚下有一个小湖，湖边排列着七口井，好似天上的北斗七星，一次欧冶子汲水淬剑，忽然出现了“五色龙纹”，七星斗像，人们就将铸剑的地方称为“龙渊”，把剑称为“龙渊剑”。至唐代因避高祖李渊讳，便把“渊”字改成“泉”字。有传说龙泉宝剑曾为李渊的佩剑，李渊死后随李渊葬于献陵，也有传说李渊曾将此剑传于太宗李世民，后与李世民一起葬于昭陵。

唐代著名诗人李白曾有“宁知草间人，腰下有龙泉”的诗句，传统戏曲中也常有“身佩三尺龙泉”的唱词，“龙泉”成了宝剑的代名词。

龙泉宝剑驰名国内外，并不是偶然的。龙泉剑坚韧、锋利，刚柔并寓，能伸能曲，可舞可刺，造型美观。1911年，龙泉县举行铸剑大比武，沈氏所铸之剑洞穿三丈铜板并把另一把参赛的剑一劈为两段，而被誉为“剑魁”。1915年，在巴拿马万国博览会上荣获奖章。2006年，龙泉宝剑锻制技艺经国务院批准列入第一批国家级非物质文化遗产名录。

宁德玉兰片花茶

1915年巴拿马世博会　获奖

三国和西晋时，随着北方士族的南迁，由于地理上的有利条件，茶业和茶文化也随着向东南推进。北方移民迁入闽东，带来了中原先进的科技文化，也传播了种茶技术与茶文化。

三国时期，吴国政权开始经营闽东，在境内设立"温麻船屯"，建造海船。"温麻船屯"是侯官设置的造船工场，造船业技术性强，必然要从苏浙一带引进造船工官和技术工匠，许多亲属也随迁居住，就将苏、浙流行的烹茶习俗、种茶技术传到温麻县一带。温麻县是浙江温州与福建福州之间唯一的滨海城镇，又是建安郡的造船、屯船基地，很自然地成为苏闽、浙闽海运的中转站或补给地。靠海上交通方便的有利条件，随着北方大量移民，长江中下游一带的种茶、饮茶技术传播开来。

清光绪年间，宁德茶商开始在金涵种植玉兰、茉莉试验窨制花茶。宣统二年，宁德"一团春"茶行试制玉兰片花茶获得成功。民国四年，玉兰片花茶参加1915年美国旧金山巴拿马世博会展出，获得好评。

曲阳石雕

1915年巴拿马世博会　获奖

曲阳石雕始于汉代，兴盛于唐朝。品种繁多，造型各异。原料以汉白玉为主，也有花岗岩和玉石，颜色有白、黑、蓝、绿、红、灰等。其雕刻技艺除传统雕法外，还创新发展了镂雕、圆雕、浮雕、线雕等。1991年，曲阳被国家列为文化部命名为“中国民间艺术之乡——石雕之乡。”

曲阳石雕曾经在1915年美国旧金山巴拿马世博会获奖，在国内外享有盛誉。

都锦生织锦

1926年费城世博会　获奖

织锦工艺是中国丝绸文化中的一项精品工艺。中国织锦工艺的起源最晚可追溯到西周，在汉唐逐渐发达，至明清形成了江苏、苏州、杭州三地织造府格局，并影响至今，史称“江南三大织造”。

杭州，素有“丝绸之府”的美誉，丝织业发达。织锦是杭州的特色工艺，在唐朝已饮誉全国，被列为“贡品”。

“都锦生织锦”，是杭州著名的织锦之一。1922年爱国实业家都锦生在杭州创立“都锦生丝织厂”。1926年秋，杭州都锦生丝织厂代表杭州将本厂精心设计织造的丝绸、丝织画精品远渡重洋送至费城参加国际博览会，在当地引起轰动。史料曾记载当时的情景：“壁上挂着的那幅唐伯虎古画织锦《宫妃夜游图》，人物栩栩如生，长袖带风。使众人连连惊呼，这真是东方文明的美妙珍品！”于是，独特的民族丝织工艺品征服了来自世界各国的贵宾，最终，都锦生古画织锦《宫妃夜游图》一举获得了金质奖章，将中华民族独特的丝织文化推向了世界舞台。

脱胎漆器

1933年美国芝加哥世博会　获奖

清乾隆年间，一个名叫沈绍安的福州年轻漆匠被派到衙门里替官员修理金字匾额。他发现匾额的木头已经朽烂了，但是用漆灰夏布裱褙的底坯却完好无损。细心的沈绍安从中受到了启发，回家后不断琢磨试验，继承发扬了传统漆艺，创造出了最早的脱胎漆器。沈绍安因此成为福州脱胎漆器的鼻祖。

脱胎漆器质地坚固，又十分轻巧，色泽鲜艳，装饰性强，经受从沸点到冰点的温度仍可保持不变形、不脱漆，因此广受欢迎。其造型典雅别致，色泽瑰丽鲜艳，有独特的民族风格和浓厚的地方特色，具有碰不坏、摔不破、不掉漆、不褪色等优点，与北京景泰蓝、江西景德镇瓷器并称为中国传统工艺品的“三宝”。

传说鸦片战争后，一个英国商人携带一只高1米的脱胎大花瓶乘船回国，不幸遇到大风浪，大船沉没，人遇救，花瓶却随船沉入海底。3年后，此人不惜重金委托打捞公司从当年的沉船中寻回这只大花瓶，却见它依然鲜艳夺目，光彩照人，于是福州脱胎漆器的美名传遍英伦，誉满全欧洲。

沈氏脱胎漆器大放异彩、闻名中外，则是由沈家第五代传人——沈绍安长玄孙沈正镐开始的。当时沈正镐颇得闽浙总督许应骙的器重，特准沈正镐（正记）脱胎漆器选送进京，得到慈禧太后“四品商勋、五品顶戴”的恩赐。在1933年美国芝加哥万国博览会上，福州脱胎漆器与日本漆器同时参展争夺金牌，可从表面上看难分高下。有人提议将两国的漆器放入锅中蒸煮3小时，结果日本的漆器化为泥浆，而福州的脱胎漆器不变形、不褪色，完好无损，不但理所当然捧回了金奖，还被誉为“东方珍品”。

福州角梳

1933年美国芝加哥世博会　获奖

在福州的手工艺品中，依然保持平民本色的唯有角梳。

1976年在福州新店出土的南宋贵族王升墓中，发现牛角制的黑色半圆形角梳6个，可见福州角梳至少有七百多年的历史了。牛、羊角梳，相传是在制作木梳的基础上发展而来，至清代已达到了较高的技艺，尤以羊角梳为最，它透明坚固，花纹喜人。

19世纪30年代，福州的角梳业进入鼎盛时期，大小店号达一百五十家，邹振记角梳庄的"飞鹰牌"、李厚记角梳庄的"航海牌"、润光厚角梳庄的"童牛牌"角梳最负盛名。

1933年，在美国芝加哥博览会上，"童牛牌"角梳与脱胎漆器、纸伞同获金奖，被并称为"福州三宝"。在国际性工艺品"小吕宋赛会"上获金奖，据说巨商胡文虎曾出价半斤黄金购买获奖的"牛角虎梳"（不到3两重），角梳价比黄金，一时被传为佳话。

上海中西服装

1933年芝加哥世博会　获奖

1933年，我国送展的旗袍获芝加哥世博会银质奖，首次为中国时装赢得国际殊荣。

晚清的上海服饰时尚就在中国服饰史上具有特殊地位。从19世纪60年代起，上海逐渐居于晚清中国的时尚中心地位，"时髦"是当时上海服饰流行的集中写照。西式服饰体系的影响逐步上升，这种趋势在上海远较中国其他地区明显。上海服饰时尚开始形成所谓"海派"的包容古今、兼蓄中外、讲究炫耀、追逐时髦、标新立异、变化迅速的独有风格，并拉开了中国服饰流行逐步与西方服饰体系并轨的序幕。

1911年辛亥革命风暴骤起，为西式服装在中国的普及清除了政治障碍，同时也把传统苛刻的礼教与风化观念丢在了一边，解除了服装上等级森严的种种桎梏。

后来，还出现一种改良旗袍，就是在剪裁中加入很多西式剪裁方法，从而使旗袍更合体、更实用。旗袍，成为中华民族别具一格的"国服"。

附录

一、南洋劝业会奏奖（一等奖）题名录

种　类	展　品	产　地	厂　家
教　育	风琴	北京	众和风琴公司王肇恒
	各种标本彝器	江苏上海	科学彝器馆
	各种图书印刷模板	江苏上海	商务印书馆
	各种图书印刷模板	江苏上海	中国图书公司
化学工业	洋灰火砖花砖	直隶	启新洋灰公司
	各种皮革	直隶	北洋硝皮厂
	各色玻璃器具	江苏宿迁	耀徐玻璃公司
	各种皮革	江苏上海	龙华制革厂
	各种皮革	江苏上海	巩华制革厂
	平面玻璃及玻璃器火砖	山东	博山玻璃公司
	各种皮革	湖北	利华制革厂
	各种皮革	湖北	陆军制革官厂
	水泥	湖北	水泥厂
	各种皮革	四川	制革官厂
	士敏土	广东	士敏土厂
	机制冰糖白糖	南洋三宝陇	建源公司
矿　业	烟煤焦炭	直隶	开平煤矿公司
	烟煤焦炭	直隶滦州	滦州煤矿公司
	各种烟煤焦炭钢铁	湖北汉阳	汉冶萍总公司
	纯锑	湖南长沙府	华昌公司
染　织	各种织物	北京	首善工艺厂
	各种织物	直隶	实习工场
	各种粗细棉纱	江苏	通州大生纱厂、崇明大生分厂
	各色粗细大呢	江苏上海	日辉制呢公司
	各色花缎	湖北汉阳	肇新公司

（续 表）

种　类	展　品	产　地	厂　家
	各色丝麻交织纱缎及麻纱	湖北武昌	应昌公司
	各种花布线布罗布	湖南长沙	女子工艺厂
	各色印花布及斜纹布	新加坡	王邦杰
机　械	造枪子机	山东德州	北洋制造局
	全分制茶机	巴达维亚	梁祖禄
农　业	第二传美利奴蒙右		
	绵羊并畜牧各种成绩	奉天	农事试验场
	通海垦牧公司成绩	江苏	通海垦牧公司
	绿自由车牌面粉	江苏上海	阜丰公司
	头号面粉	江苏海州	海丰公司
蚕　业	铁猫牌丝	江苏上海	瑞纶丝厂
	厂基洋房图牌白丝		
	寰宇牌丝	江苏上海	信昌丝厂
	飞金虎顶牌白丝	江苏上海	恒丰丝厂
	英冕牌丝	江苏上海	勤昌丝厂
	万年青牌丝	江苏上海	统裕丝厂
	斗鸡牌二顶头号经丝	浙江	沈天昌
	绣麟牌经丝、金鹰钟牌丝	浙江湖州府	梅恒裕
	金蝶牌二一三号经丝	州府	其昌丝厂
瓷　业	各种紫砂陶器	江苏宜兴	阳羡陶业公司
	各种瓷器	江西浮梁县	瓷业公司
	各种瓷器	江西景德镇	瓷业出品协会
	各种瓷器	湖南醴陵	瓷业公司
水　产	新法精制食盐	江苏	吕四场同仁泰
美　术	各种雕漆	北京	继古齐萧兴达
	景泰珐琅器	北京	工艺商局
	景泰珐琅器	北京	老天利关仲全福
	摹绣意国皇后		

（续 表）

种　类	展　品	产　地	厂　家
	及山水狮子绣件	北京	女子绣工科总教习余沈寿
	各种漆器	福建福州	沈正恂
	大小漆器	福建福州	沈正镐
	刻花玻璃	广东	成业公司
	雕镂二十四层牙球	广东	惠安
	雕镂牙球牙船	广东	联兴
	雕镂牙器	广东广州府	工艺学堂教习李胜
茶　业	祁门贡尖茶	江苏上海	天保祥茶栈
	祁门乌龙茶	江苏上海	洪昌隆茶栈
	宁州（贡品）乌龙茶	江苏上海	谦顺安茶栈
	宁州（斯兰）乌龙茶	江苏上海	隆兴泰茶栈
	婺源贡熙茶	江苏上海	新隆泰茶栈
	浙江龙井贡茶	浙江杭州府	鼎兴茶庄
	乌龙茶	江西	荣泰昌茶号
	茶末砖	湖北汉口	兴商公司
武　备	七生五口径管退山炮		
	六米里八口径马步枪		
	较量枪子机器		
	各种钢铁、枪炮子弹	江苏上海	江南制造局

二、1915年巴拿马赛会华人出品得奖揭晓

中华民国政府馆

大奖章

政府馆　牌坊钟楼宝塔正殿偏殿

金牌奖章

政府馆　雨茶亭

直接出品

大奖章

北京财政部造币局　银币紫铜币黄铜币

名誉优奖章

财政部印刷局　印刷成绩品

征集出品者　张德动　单伯宣

银牌奖章

上海精益眼镜公司　眼镜模型品

铜牌奖章

北京权度制造所　度量衡器具

北京米东海　碳酸水　擦枪油

银牌奖章

上海李佳白　英文游记

教育馆

徐家汇孤儿院

名誉优奖章

无锡竞化女学　武进第一女子小学

振秀女学　常州第五中学

上海美术女子学校　无锡书工会

金牌奖章

崇明城东小学　无锡第一女子学校

宝山初等小学　苏州第一女子小学

盐城高等小学　吴系第三高等小学

苏州双桐女学　上海女子中学

武陵女学　武进女师范学校

第二工业学校　江苏教育司署

江苏女子职业学校　江苏教育会

上海孤儿院

银牌奖章

丽则女学　第七中学

徐家汇孤儿院　省立第二工业学校

江苏女子职业学校　苏州苦儿院

铜牌奖章

上海美术学堂　淑新女子学校

徐家汇孤儿院　宝山公署

奖词

江苏女子职业学校　上海顾贤臣

浙江省

名誉优奖章

杭县复与女学　嘉禾高等小学

建德小学校　浙江女子师范学校

金牌奖章

培坤女学校　上虞县立小学

平湖女子学校　奉化作新女子高等学校

嘉禾女师范学校　浙江职业学校

奖词

浙江工业学校　浙江甲种工业学校

安徽省

名誉优奖

合肥开明小学

金牌奖章

芜湖中学堂　第二女子师范学校

福建省

名誉优奖章

福州明伦学校　福州北城小学

金牌奖章

女子师范学校　女子中学校

高等学校

银牌奖章

福州女子师范学校

银牌奖章

福州商立慈善会

奖词

福州灵光书院

广东省

名誉优奖章

兴宁县立第一女子小学

普宁县立第一高等小学

南海县高等小学　荻海初等小学

爱育善堂　广仁育婴院

方便医院　救灾公所

广济医院

金牌奖章

洁芳女子中学校　坤维中学

台山女师范学校

银牌奖章

省城美术学校　广东工艺局

奖词

惠行善院

湖南省

金牌奖章

自治女学校　衡粹女学校一

高等师范学校　衡粹女学校二

铜牌奖章

自治女学堂

奖词

湖南教育会　工业学校

贵州省

金牌奖章

贵阳达德女学　育英高等女学

女子手工学校

湖北省

金牌奖章

第一中学校

铜牌奖章

武昌女子间蚕桑学校

广西省

金牌奖章

第一女师范学校　南宁甲种工业学校

铜牌奖章

女子蚕桑教员养成所

奖词

工业学校

江西省

银牌奖章

南昌女学　南昌明德女学

南昌育才女学

南昌女子师范学校

蚕桑女学校　坤新女学

培德女校　南昌农业学校

振坤女学　泰和女学

崇仁女学　竞武女学校

玉山女学校　庐陵女学校

直隶省

银牌奖章

水产学堂　北京龙泉孤儿院

北京工业学堂　北京古鼓目书院

铜牌奖章

直隶农学院　天津乙种工业学校

山东省

铜牌奖章

张阴南

四川省

奖词

瓷器改良学校

黑龙江

奖词

省行政公署

直接出品

大奖章

交通部高等实业学校　北京清华学校

教育部之全国教育品

金牌奖章

北京师范学校

工艺

山东省

大奖章

山东省　纺绸及草帽辫

杨宝珊　茧绸及白纺绸

名誉奖章

丝业公会　野蚕丝

金牌奖章

丝业公会　花边及丝与茧绸

周昌即　纺绸

成生利　野蚕丝

掖县草办公司　草帽辫

聚盛长　染色生丝

顾锡钧　文楷如意

山东工业传习所　绣画

丝业工会　花边品及刺绣品茧绸等

田子敬　嵌金银丝画

丁念廷　金银器

裕丰德　生丝

银牌奖章

张朱　玻璃瓶

山东工业傅习所　磁制花瓶

王鸿尔　锡茶壶

王俊建　锡茶壶

隋熙麟　草帽辫

高家俊　雕刻桃核

丁念廷　雕刻桃核

同和泰　生丝

同和泰　生丝

樂玉镜　花边

杨宝珊　出品征集者

刘治园　毛毯

工业傅习所　山东毛毯

铜牌奖章

胡升云　仿古铜器

奎盛永　同

惠宝银楼　银杯

胡荆璞　花边衣料及柞布

杨宝珊　花领子

樂玉镜　绣花柞布　花边衣料

谢宝臣　发网

文美斋　通草画

李子言　花边衣料及柞布

裕绣工厂　柞布衣料裙料

张朱　毛毯

江苏省

大奖章

江苏省　生丝及丝织品

义盛永　丝

上海信昌　丝经

上海祥升　水色丝绒线

名誉奖章

吴江永亭昌　盛泽纺

上海通纬　丝经

无锡裕隆森　鹅牌丝

上海大经丝厂　丝经

上海勤昌　丝经

上海锦成丝厂　麒麟牌丝经

无锡隆昌　地球牌丝

金牌奖章

江宁南京商会　丝织品

南京张德茂　元青花缎

武进仁和号　水色孟河甸

南通大生纱厂　棉纱样

江宁原太　金陵漳绒

吴江张质彬　纺绸丝帕

黄坤记　丝经

华纯泰丝厂　丝经

格和丝厂　丝经

源盛丝厂　丝经

上海振锠裕　丝经

无锡裕昌　锡山牌织丝

利用陶器公司　各种陶器

干康丝厂　丝经

裕祥丝厂　丝经

裕康丝厂　丝经

上海废记　丝经

上海华庆　丝经

上海美华利　时钟

银牌奖章

上海哈少甫　磁器

李光廷　元青花缎

吴江广昌成　格子花纺

上海勤记　吐丝

丹徒刘傅卿　漆器

铜牌奖章

崇明严邓咏　刺绣屏条

江阴华屿　刺绣风景

上海陆惟记　岩石文具

上海义丰和　花呢哔叽

吴县蒋万顺　仿宋锦

松江王凤　绣色缎花卉方墊

贺云章　刺绣品

金静芬　各种刺绣

江宁于启泰　元青花缎

徐枝春　漳缎

奖词

松江湘云　刺绣山水

江宁福申昌　元青贡缎

江宁吴德泰　元青库缎

江宁刘连坡　元青花缎

上海输出公会　发网

上海莫华记　磁器

江宁龙荣兴　元青花缎

江宁才荣兴　元青花缎

江宁孙汇源　元青缎

浙江省

大奖章

浙江省　丝画扇器木器

梅博裕　特制丝织品

仁艺厂　相架书箱

纬成公司　画缎

舒莲记　各种美术画扇

名誉奖章

梅莪青　特制丝织品

金牌奖章

邵芝严　排笔漆刷

美术公司　竹木及嵌石屏

孙康宁木器店　书桌椅凳等

袁震和画庄　画

奉化平民工厂　雕刻竹器

万源画庄　画

仁艺厂　屏桌凳等

华泰画庄　塔虎脱画

舒莲记　普通扇

美术公司　镶嵌木屏

杭州贫民工厂　屏桌等

银牌奖章

张永号木器店　雕刻橱柜等

福康木器店　茶盘木勺等

孙康宏　木椅凳

邱召安　特制丝织品

柳德裕　衣箱

万源画庄　丝画

娄匡增　花篮及鱼篮

春源馥　画缎

铜牌奖章

朱增春木器店　雕花桌椅

周少馥　特制丝织品

锦云成　特制呢及缎

松阳　竹篮

洽记　时样画

张尧辅　特制丝织品

弘生昌　白湖甸羽纱

奖词

洽记　花缎

潘辛干　毛织衣料

蒋衡卿　花缎素缎

沈锡年　湖州画

施淇　画

费蓉舫　湖州花缎

沈潮　时灰柳条甸

裕成画庄　花缎

吴彦臣　丝经

沈咏沂　丝经

韩劝得　苧布

邵松岑　丝经

戴琪璋　丝经

邱光耀　湖甸

王康柞　丝经

李恒德　丝经

严同顺　瓦画衣料及柞布

严绍濂　瓦画

陈芷汀　花纱

沈铜　裱绢

金维公　画

杨仲江　白丝及绿丝

正祥盛　画

潘澄鑑　特制缎

胡日淦　生丝

仁成卫庄　白花卫

王维墉　丝

张宝熙　丝绵

河南省

大奖章

陈源记　汴绸

金牌奖章

广益纱厂　棉纱

金盛永　山丝

德元　水色汴绸汴甸

镇兴恒　水碗

银牌奖章

伍福西　牙色漳绒

玉成永　山丝绸

豫兴永　八丝绸

豫富公司　雪湖荥纱

同心永　牙色纱

神台磁业公司　钧磁

景文洲　柳条黑白汴卫

豫立竹工厂　竹器

铜牌奖章

张义和　瓦鼎

豫立竹工厂　竹器

太兴合　织羊绒

王云第　草帽辫

黄文成　草帽辫

协美永　山丝绸

广太和　草帽辫

源兴合　草帽辫

奖词

恒顺明　白八丝绸

豫富公司　纺纱
湘江女士　刺绣水墨方桌毯
豫国女工厂　白绫割绒桌毯
义合成　本色密县柞绸
开封府模范工厂　牙色金色豆色豫绸
中州女工厂　五彩线编绫台布
神皇磁器公司　磁器标本
恒壬锦　本色密县绸
练白绸
湖南省　绸绫刺绣及夏布

金牌奖章

马大生公司　夏布
长沙大纶纹织公司　夏布
长沙汤复新　龙蚕草器
湖南出品协会　各种兽皮
礼陵磁业公司　各种磁器
临武商务分会　龙蚕草器
长沙吴彩霞　刺绣
长沙锦云　刺绣
长沙湘绮楼　刺绣
长沙簪花馆　刺绣

银牌奖章

长沙胡上吉　梳篦
长沙太和丰　夏布
长沙同和锡店　锡器

铜牌奖章

长沙王仁和　梳篦
刘阳萧仁和　漆器
刘阳商务分会　夏布

奖词

湖南麓山玻璃公司　各种玻璃器

湖北省

金牌奖章

漢口姚春和　各种铜器
汉口老彩章　各式花缎
武昌冯正兴　各种铜器

银牌奖章

汉口姚太和　各种铜器
汉口义太和　各种铜器
汉口郑炳兴　各种铜器

铜牌奖章

汉口裕康祥　各色绸缎布疋
肇兴有限公司　各色绸缎

江西省

大奖章

江西省　磁器及夏布
江西出品协会　各种磁器
江西制磁公司　征集磁器出品者

名誉奖章

南昌出品协会　织花夏布

金牌奖章

南昌出品协会　漂白夏布
南昌　布
宜黄出品分所　葱白夏布

银牌奖章

上高出品分会　极细白夏布
馀于傅福安　铜剪刀
女子蚕业讲习所　夏蚕丝
南昌　布
必都祥号　白夏布
南昌　夏布

南昌出品协会　夏布

铜牌奖章

南原县农会　生丝

庐陵出品协会　北紫花布

黎川陈善燕　蚕丝

胡淑兰　十美图磁板

乐安出品协会　本色夏布

鄱阳张洪顺　漆帽筒

陈咏陶　白绢

广丰出品分会　白夏布

萍乡出品分会　漂白夏布

广丰徐士健　盘香炉

奖词

女子蚕业讲习所　蚕丝

南康县农会　野蚕丝

广东省

大奖章

广东省　丝织品及夏布磁器绣货木器箱子

雕牙扇子

悦兴

雕刻木器

名誉奖章

尹笛云　绣屏

永丰　屏风椅子

周兴　嵌云石器具

恒兴纶　绣屏绣衣料

祥玉　磁器

益隆　各种器具

埠隆　软嵌桌椅

顾维亭　机制生丝

金牌奖章

兴业公司　纸玩具泥玩具竹玩具

兴业公司　镶嵌珠宝各种金器

信孚　银器

友纶　刺绣件

联兴　象牙器

博物商会　磁画

广兴隆　相架及小匣

明新　素夏布

协纶　生丝

钟三和　珠母壳纽扣

裕兴公司永绍公司　玻璃画

协纶兴　生丝

兴业公司　扇

银牌奖章

倪三桂　玻璃画

裕纶　羽纱羽缎

怡安　嵌玉及珐琅银胸饰等

广东出品协会　琥珀颈串

真光公司　银器

天真公司　画及玻片木架

中华制磁公司　磁器

兴华公司　铜盘铜瓶

尹笛云　木凳木架

联兴　牙柄绣扇

成发　银器

尹笛云　玻璃画

五常真记　磁器

钟三和　珠母壳衣饰及首饰

锦昌李介廷　漆茶叶瓶

冯楚玉　角梳

福元　木椅

福元　绣画及架

公正裕　各种线结品

区贞元　木凳及木架

时泰　屏风

广生　夏布

铜牌奖章

翁钦利　衣箱

永兴成　机制生丝

公源　素夏布

忠栈　生丝

忠顺行　生丝

东安出品协会　鱼网丝

广和兴　生丝

广和亨　生丝

棉福　竹盘竹篮

正和　素夏布

裕泰祥　缎与纱

广和祥　生丝

致兴纶　生丝

逐兴昌　生丝

广昌　生丝

普天行　生丝

广和祥　生丝

广东农林试验场　生丝

奖词

文会记　玉耳环

维泰　绣屏

广生　绣桌布绣衣料

五常贞记　嵌花木架

何锦堂　席

湛成泰　花料镯

陆文甫　花料镯

广东丝业研究所　缎兴纱

韦璞周　棉布

黑龙江

金牌奖章

黑龙江巡按使公署　貂皮狼皮灰鼠皮旱獭皮

银牌奖章

造纸公司　官堆纸

黑龙江出品协会　江石烟嘴

呼兰商务分会　地毯

铜牌奖章

呼兰商务分会　地毯

呼兰工艺厂　爱国布

广西省

奖词

富川甘变　富川席

怀集梁宏源　隆安席

马平秦树人　竹席

安徽省

金牌奖章

胡开文　墨

银牌奖章

郑庆如　绒线

铜牌奖章

朱应侯　丝线

祝德仁　木梳

直隶省

大奖章

杨松亭　刺绣挂件

继古斋　各样雕漆器具

王竹林　纱灯及中国珍奇品

浦利昵革公司　毛织呢绒及毯坛

德昌陈遇春　珐琅器具

名誉奖章

泥人张　各种泥像

马少宣　鼻烟壶

德与成　珐琅花觚

老天利　珐琅器物

德昌陈过春　雕漆器具

王德昌即李实钊　磁器

金牌奖章

侯继长　织图地毡

李政庵　白帆布

于肃轩　雕牙品

豫象成磁器公司　磁器

宝华楼　各种珐琅物件

刘慎德　革丝屏

银牌雕章

安迪生　珠宝美术代电灯花篮

姚兴源　各种仿古铜器

李德旺　绣屏及绣牡丹挂件

刘允中　刺绣横镜

庆丰和　毛绒地毯

吴子华　小羊角灯

民益工厂　纱缎与毛织布

瑞大工厂　九青及银针爱国布

王恒昌　灰色爱国布衣料

魏文泰　风筝

铜牌奖章

通系杨占儒　各种陶器

宝记草帽公司　草帽辫

王竹林　各种团扇

广文斋　粘通草画

锦益兴　泥玩具

云南省

金牌奖章

霖南农业局　雪白虾灰洋花缎等

云南模范工艺局　各种漆器木屏

铜牌奖章

模范工艺局　各种毛织物

模范工艺局　各种滇缎

大梵宫织工厂　被面

云南织工厂　线织物

云福祥　础不直挂屏花盆

云南商会　珐琅银杯

云南女子职业学校　枕套手帕

福建省

大奖章

福建省　漆制品

金牌奖章

老天华　漆品

银牌奖章

福州劝工厂　各种古铜制品

同成　磁器

林源记　各种漆器

工艺传习所　各种漆器

陈生青　角梳

邬振记　角梳

福庆安　各种漆器

双兴　各种漆器

林源记　铜器

铜牌奖章

福州出品协会　漆画

劝工厂　各种漆瓶

王巧真　脱胎麻姑进酒

福庆安　各种漆器

双兴　漆几漆盘

邬振记　角梳

奖词

德化商会　磁器

奉天省

金牌奖章

奉天官厅出品　大丝架

银牌奖章

金毓章　羊毛马毡

佟元公　栽绒毯

金毓章　丝绒床毯

贫民习艺所　地毯

奖词

绥中义盛兴　毛绒毡

盖平温绍纲　白色练绸

贵州省

银牌奖章

贵州官厅出品　定番山丝

省立农业学校　山丝

遵义山蚕讲习所　丝棉

遵义天山瑞　府绸

贵阳制革公司　将校鞍

铜牌奖章

贵州官厅出品　印红白纸　白蜡　苗锦塾　贞丰白纸　礼帽　安顺白纸

贵阳制革公司　革靴

奖词

遵义华泰公司　遵义纱

省立制业学校　山丝

遵义山蚕讲习所　山丝

四川省

名誉奖章

模范丝厂　生丝

旭东丝厂　生丝

金牌奖章

蜀眉丝厂　生丝

成都劝工局　香灰紫薇缎等

银牌奖章

陆军制革厂　革制品

泰昌公司　丝织标本及生丝

泰昌丝厂　生丝

成都锦江缫丝厂　黄白丝

泸县川磁公司　白玉磁壶

员温如　篾扇

成都宝业制革厂　革制品

刘茂林　篾丝锡胎花瓶

石纬臣　篾扇

亨利制帽厂　平摘夏帽

塔殿臣　夏帽

铜牌奖章

郭致兴　绣货

长发美　湖甸

享记　白麻布

成都劝工局　篦丝锡胎杯

奖词

沈恒兴　通海缎

罗福安　雪水甸

兴记　大缎

久成元　方格缎

鸿记　夏布

陶磁讲习所　磁器

李仁斋　花库摹本

裕长泰　湖甸

李公兴　柳条缎

同益公　大缎

祥记　夏布

李洪顺　夏布

矿物

农商部

大奖章

农商部　各种矿产出品

湖北省

名誉奖章

汉冶萍钢铁厂　汉阳铁厂标本及钢铁

安徽省

金牌奖章

泾铜公司　石炭纪铜矿质

奖词

庐江县出品分所　白坭

桐城县出品分所　石棉

绩溪县出品分所　锑

直隶省

金牌奖章

天津开封矿物局　石炭大砖民黑铅

天津启新洋灰公司　塞门得泥及瓦

广东省

金牌奖章

广东水泥厂　塞门得泥

奖词

帽圣山金矿有限公司　金矿石

广益煤矿公司　云母石

东成公司　石棉

湖南省

金牌奖章

湖南官矿经理处　水口山铅矿及模型

华昌锑矿公司　锑矿及附属品

山西省

金牌奖章

宝丰煤矿公司　烟煤

河南省

金牌奖章

兴华公司　中国云片石

出品协会　各种水品

银牌奖章

赵永昌　硫磺

安阳马玉成　焦炭

奖词

罗山林维仁　银铅矿苗

马兆霖　大吉炭

安阳吴樾　烟煤

吉林省

银牌奖章

出品协会　小块纯金及金矿质

广西省

银牌奖章

马平李春辉　锡锭及锡片

奖词

靖西务本公司　黑铅及银矿质

百色吴宝林　锑

马平李春辉　煤

奉义黄条身　石灰

天保李增辉　硫磺

四川省

银牌奖章

彭县矿局孙海环　各种纯铜质

浙江省

奖词

桐庐王廉　煤

云和黄萝吉　铁砂

云和叶其英　熟镁

江山徐景韩　熟石灰

奉天省

奖词

铁领营盘村华庆公司　煤

黑龙江

奖词

奇干河金矿局　金砂

广都金矿局　金砂积金矿质

余庆沟金矿局　金砂

库玛尔河金矿局　金砂积金矿质

贵州省

奖词

刘义兴　未砂及片砂

同协兴　未砂及片砂

陈书培　未砂及片砂

裕国通　未砂及片砂

Lin Chang Fu-Kwinae　铁矿质

直接出品

金牌奖章

李文权　中国矿物比较表

江苏省

大奖章

上海商务印书馆　电镀铜板

南京造币厂

名誉优奖章

上海商务印书馆　玻璃板

金牌奖章

上海中华书局　照相铜板锌版等

出品协会　征集赛品

上海广生行　化妆品

上海罗成药房　化妆用品如华发油等

银牌奖章

上海化学工业社　化妆品

有正书局　三希堂法帖

上海罗成药房　九丹膏等

上海五洲药房　九药等

俞正太　洋漆色盒

铜牌奖章

上海商务印书馆　灯影片

省五地一医院　牛痘苗

上海汪锡寿　薄荷油

奖词

南京王绣屏　冶金线标本

上海商务印书馆　五彩信封信笺

直隶省

大奖章

天津造币总厂

金牌奖章

中华民国北京化学制药厂　化学普通用药品

天津造胰公司　胰皂

天津义盛号　戏衣

北京马连头　各种刺画火烧砖模

银牌奖章

北京实记照相馆　西湖照片

北京保晋斋　各种乐器

铜牌奖章

中华民国北京化学制药厂　化学普通用学品

北京伊尹药房刘文英　化学工业普通用药品

奖词

北京彭述文　乘方积木厂

直隶商品陈列所　蒙古及天津名胜照片

湖北省

大奖章

武昌造币厂

吉林省

名誉优胜奖

吉林佟庆山　大成殿模型

铜牌奖章

吉林冯兰秀　关东人参

吉林佟庆山　药材

萧水芳　天然本亭

奖词

冯兰芬　鹿茸

浙江省

名誉奖章

蒋瑞麟　万佛宝塔模型

金牌奖章

杭州二我轩　风景照片

银牌奖章

杭县谢月溪　西湖名胜照片

杭州第一贫民工厂　马号坡

奖词

镇海胡祖安　原纸

王舜廷　放桃纸

贫民工厂　铜鼓

安徽省

金牌奖章

胡菇易　日咎

方秀水　日咎

吴鲁衡　日咎

铜牌奖章

太平商会　石衣

大通商会　各种药材

河南省

金牌奖章

大中火柴公司　火柴

奖词

李玉田　存古果全帖

广东省

金牌奖章

香港广生行　香水

银牌奖章

吉祥公司　各种火柴

奖词

张炳记　香附

刘龙氏　药水

油头悦秦公司　香水

悠扬阁　各种乐器

李秦生　乐器用艺板线

福建省

金牌奖章

老天华

礼乐舞各种模型

银牌奖章

陈枫　陈氏等分尺

贵州省

银牌奖章

真云记　艾粉

都匀樟脑公司　樟脑

山东省

铜牌奖章

出品协会　孔林电迹

湖南省

奖词

庐期泰　贡纸

交通

交通部

大奖章　一枚

京奉铁路　京汉铁路　京张铁路

正太铁路　九广铁路　津浦铁路

沪宁铁路　株萍铁路

路工司　邮传司　博物馆

以上均分得一枚

名誉优胜奖　二枚

招商局　汉冶萍厂

银牌奖章　三枚

江苏求新厂　广东祥和船厂　华南圭车站模型

农业品

大奖章

农商部　农业出品　红绿茶、雨前乌龙、祁门宁州尖等茶及他种茶　蚕茧

名誉奖章

农商部　谷类　棉麻苧麻

金牌奖章

农商部　干鱼类　芋叶　豆类

银牌奖章

农商部　本材标本

直隶省

大奖章

直隶省　豆类　花生　高粱酒　羊毛猪鬃

山东省

大奖章

山东省　丝绸　茧蚕　草帽辫

河南省

大奖章

河南省　豆类　高粱酒　酱菜　蘑菇

山东省

大奖章

山西省　高粱　汾酒

广东省

大奖章

广东省　干果　生姜　酱油　各种植物油　果油

广西省

大奖章

广西省　玉桂油　香油　酱油

四川省

大奖章

四川省　草油　白蜡

云南省

大奖章

云南省　药材

贵州省

大奖章

贵州省　草麻油　药材　燕麦

奉天省

大奖章

奉天省　黄豆　谷类　野蚕茧

黑龙江省

黑龙江　谷类粉　皮毛

银牌奖章

黑龙江公署　高粱　红粟　大麦

铜牌奖章

黑龙江公署　燕麦

吉林省

大奖章

吉林省　人参　谷类　皮毛

福建省

铜牌奖章

福建盐局　晒盐

农业品蚕事

江苏省

金牌奖章

江苏六合陈启莹　茧

江苏武进茧业公所　茧

江苏无锡县茧会　茧

银牌奖章

江苏无锡茧业公所　种桑园　养蚕园

江苏如皋农会　蚕室模型　茧

奖词

江苏无锡茧业公所　茧及蚕

浙江省

金牌奖章

浙江来源茂　茧

银牌奖章

浙江赵炳　茧

浙江汹星樵　茧及蚕子

浙江许逸云　茧

浙江同昌盛　茧

浙江王兆元　茧

铜牌奖章

浙江Chnng Yoh Sze　茧

浙江车光荣　茧

浙江协兴　茧

浙江农会　茧

云南省

奖词

云南奖林局　茧

农业品各农业试验场

直隶省

大奖章

北京农业试验场　各种芋及谷类　丝茧

名誉奖章

北京农业试验场　蚕茧

金牌奖章

北京农业试验场　搜集中国害鸟害虫标本　各种菜蔬　芋　棉及棉纱　红粟黄粟等　芦粟甘蔗等

银牌奖章

北京农业试验场　各色豆种　谷类　麦类　米类　小米类　农业益鸟　农业害鸟　海甸鸟　鸽类　各种虫

广东省

金牌奖章

广东农业试验场　各种植物种子　谷类　蚕子及茧　木材标本

广东东苑农事试验场　各种子油棉油树及种子　笋干鲜笋

银牌奖章

广东农业试验场　豆类　萝卜及红萝卜种子　大蒜芥菜子　油菜子　菜子油豆油茶油　槟榔油　椰子

铜牌奖章

广东农业试验场　藕粉西米　花生饼　山茶子饼　菜油子饼　萝卜子饼　黄豆饼　木材标本

奖词

广东农业试验场　白糖　炭

奉天省

金牌奖章

奉天盛京农业试验场　玉蜀禾黑麦　粟都荞麦

银牌奖章

奉天吉林农业试验场　豆类及各种子

奉天盛京农业试验场　柏油

奖词

奉天吉林农业试验场　奉天麦

安徽省

银牌奖章

安徽农业试验场　谷类

四川省

银牌奖章

四川成都农业试验场　谷类　豆类

奖词

四川农业试验场　木材标本

江西省

银牌奖章

江西农业试验场　茧蚕及蚕子

南昌农业专门学校　茧蚕及蚕子

女子蚕业讲习所　茧蚕及蚕子

浙江省

铜牌奖章

浙江农业试验场　谷类　豆类　油类　植物类　棉麻丝茧

湖北省

奖词

湖北农业试验场　木材标本

农业品各协会商会商号

江苏省

大奖章

江苏南通海门垦牧公司　棉花

敬爱能告诉陆维记　麝香

江苏上海泰丰公司　罐头　肉类　鸭鱼　果品　饼干

名誉奖章

江苏宝应县亲兰女士　小米画屏

上海真鼎阳观　各种酒

金牌奖章

江苏上海聚康酒作　白橄榄活血酒

江苏泰兴县泰昌　药酒

江苏漂水灵治淳　金波卫生酒

江苏崇明施农影　各种豆

江苏上海万昌　猪鬃
江苏丹徒上海万源　各种酒
江苏吴县钱义兴　各种酒
江苏南通垦牧公司　棉花　改良棉花之种植
江苏实应乔毓辉　豆广告(以豆粘结成文)
江苏南通农会　棉花标本
江苏南通农业学校　棉花培植图略　改良棉花之种植　茧
江苏上海紫阳观　鸡肉松
江苏嘉定黄晖吉　白玫瑰酒

银牌奖章

江苏Chang Rwes Chun　白玫瑰酒
江苏上海同庆永酒作　酒
江苏上海大庆永　酒
江苏Darnehen Co.　盐
江苏松江福寿公司　豆面
江苏崇明徐德阴　各种鱼类
江苏出品协会　谷类
江苏江阴柳致和　茄皮酒玫瑰酒
江苏南通吕四盐公司　盐
江苏美利　酒
江苏无锡立发祥酒作　白玫瑰
江苏江都谢福春　卫生香
江苏崇明施会陶　各种鱼类
江苏Sung Tai Co.　盐
江苏泰兴泰昌号　红玫瑰酒药
江苏太仓万金裕号　桂花露玫瑰酒
江苏宝山县万盛号　白玫瑰酒
江苏松口万增厂　卫生挂面
江苏吴县王济美　玫瑰酒
江苏嘉定黄晖吉　白玫瑰酒
江苏上海Wong Hung Yu Co.　茄皮酒白玫瑰酒等
江苏青浦姚白厘　白玫瑰酒
江苏Yu Sin Tai　酒
江苏泰兴商务分会　花生油
江苏上海卫生酱油公司　卫生酱油
江苏上海陆维记　鸭毛　鹅毛　羊毛
江苏 Chenille Kws Chien　柠檬酒
江苏上海庆章　天鹅绒

铜牌奖章

江苏上海张春廷　雕毛
江苏上海真鼎阳观　罐头鱼肉
江苏Fon Keu Lidg　麻姑酒
江苏农会南通　棉
江苏无锡保新面粉厂　面粉
江苏无锡惠元面粉公司　面粉
江苏嘉定黄晖吉　白玫瑰酒
江苏上海俞正泰　各种染料

奖词

江苏吉云堂　花衣
江苏青浦实业学校　各种耕作模型
江苏南 通 实 业 学 校Law Jin Kei Chian Tsso Kan　改良水车模型
江苏Yun Chang Tai Co.　毛绒等

山东省

大奖章

山东张裕酿酒公司　各种酒

金牌奖章

山东兰陵公司　兰陵美酒
山东孙敏卿玉堂号　万国春酒　宴嘉宾

酒　水雪露酒　金波酒　酱油

山东孙振动　红酒

银牌奖章

山东济乐制蛋公司　鸡蛋白　鸡蛋黄

奖词

山东劳山公司　洋粉

山东孙敏卿玉堂酱园　酱菜

浙江省

名誉奖章

浙江仙居出品分所　米制食物及酒

金牌奖章

浙江周清　酒

浙江杭州马卤齐　酒

浙江杭州Mau U Chien　酒

浙江嘉兴吴式之　各种酒

浙江平湖夏念先　五加皮酒

浙江嘉善商会　酱油

银牌奖章

浙江蔡文路　黄豆及豌豆

浙江张柱臣　谷类

浙江陈大忠　米制小食

浙江嘉兴商会　谷类

浙江绍兴谦裕萃　陈绍兴酒

浙江Chun Sze Yuen　野蚕标本

浙江绍兴兴方柏鹿　酒

浙江Fu Hen Wan　茄皮酒

浙江周璇奎　豆类

浙江舒德庭　米　谷

浙江勤县周瑞祥　棉

浙江杭州孙其昌　藕粉

浙江缙云农会　谷类

浙江乍浦农会　绿豆

浙江Suey Nen Cotton Co.　棉花

三、中国赴1926年费城世博会参展得奖题名录

甲　等

大奖

(一)生丝

(1) 慎大正记 …………………… 上海
(2) 瑞纶丝厂 …………………… 上海
(3) 信昌丝厂 …………………… 上海
(4) 通纬丝厂 …………………… 上海
(5) 裕经丝厂 …………………… 上海
(6) 天昌丝厂 …………………… 上海
(7) 锦云丝厂 …………………… 上海
(8) 统益丝厂 …………………… 上海
(9) 云成丝厂 …………………… 上海
(10) 恒隆丝厂 …………………… 上海
(11) 九经丝厂 …………………… 上海
(12) 泰丰丝厂 …………………… 上海
(13) 德兴公记丝厂 ……………… 上海
(14) 经纶丝厂 …………………… 上海
(15) 安豫丝厂 …………………… 上海
(16) 允余一二三丝厂 …………… 上海
(17) 恒鑫丝厂 …………………… 上海
(18) 纬纶双宫厂 ………………… 上海
(19) 永丰丝厂 …………………… 上海
(20) 厚福丝厂 …………………… 上海
(21) 竞丰乙记丝厂 ……………… 上海
(22) 顺昌丝厂 …………………… 上海
(23) 丰泰丝厂 …………………… 上海
(24) 洪泰丝厂 …………………… 上海
(25) 慎兴丝厂 …………………… 上海
(26) 久成一二丝厂 ……………… 上海
(27) 宝泰丝厂 …………………… 上海
(28) 协安丝厂 …………………… 上海
(29) 百司福丝厂 ………………… 上海
(30) 绪昌永丝厂 ………………… 上海
(31) 顺丰丝厂 …………………… 上海
(32) 久大丝厂 …………………… 上海
(33) 天来丝厂 …………………… 上海
(34) 隆祥丝厂 …………………… 上海
(35) 瑞丰余丝厂 ………………… 上海
(36) 大来丝厂 …………………… 上海
(37) 元元丝厂 …………………… 上海
(38) 久泰丝厂 …………………… 上海
(39) 隆记丝厂 …………………… 上海
(40) 绪昌仁丝厂 ………………… 上海
(41) 盈余丝厂 …………………… 上海
(42) 乾甡丝厂 …………………… 上海
(43) 连益丝厂 …………………… 上海
(44) 协丰丝厂 …………………… 上海
(45) 盈丰丝厂 …………………… 上海
(46) 怡和丝厂 …………………… 上海
(47) 纶祥丝厂 …………………… 上海
(48) 福昌丝厂 …………………… 上海
(49) 天成丝厂 …………………… 上海
(50) 公益丝厂 …………………… 上海
(51) 鸿纶双宫丝厂 ……………… 上海
(52) 源茂丝厂 …………………… 上海
(53) 元丰永丝厂 ………………… 上海

（54）祥和丝厂 ······················ 上海
（55）余源丝厂 ······················ 无锡
（56）源康丝厂 ······················ 无锡
（57）振艺丝厂 ······················ 无锡
（58）泰孚丝厂 ······················ 无锡
（59）瑞昌丝厂 ······················ 无锡
（60）义丰丝厂 ······················ 无锡
（61）镇纶丝厂 ······················ 无锡
（62）裕昌丝厂 ······················ 无锡
（63）慎昌丝厂 ······················ 无锡
（64）德兴丝厂 ······················ 无锡
（65）杭州丝业会馆 ················· 杭州
（66）长兴实业局 ··················· 浙江
（67）震泽制丝传习所
（68）安徽省立女子职业学校
（69）安徽省立第二农业学校
（70）虎林公司 ······················ 杭州
（71）吴兴第一模范缫丝工厂 ······ 吴兴

（二）绸缎
（1）老九纶绸缎局 ················· 上海
（2）纬成公司 ······················ 杭州
（3）美亚织绸厂 ··················· 上海
（4）振亚织物公司 ················· 江苏
（5）郭恒兴泰号 ··················· 江苏
（6）于朴安 ························· 江苏
（7）李耀南 ························· 江苏
（8）钱宠泰号 ······················ 江苏
（9）张恒顺号 ······················ 江苏
（10）恒庆正绸缎号 ················ 江苏
（11）裕大恒记 ····················· 江苏
（12）万源绸庄 ····················· 浙江

（三）瓷器
（1）江西瓷业公司
（2）江西商品陈列所
（3）梁兑石 ························· 江西
（4）汪大沧 ························· 江西
（5）浙江省立改良瓷业传习所

（四）翡翠
（1）华珍公司 ······················ 上海
（2）上海翡翠公司 ················· 上海
（3）金柏记 ························· 上海
（4）殷湛记 ························· 上海
（5）万源永 ························· 上海
（6）全昌 ···························· 上海
（7）宝珍公司 ······················ 上海
（8）傅炳记 ························· 上海
（9）陆钧记 ························· 上海
（10）王蓉记 ························ 上海
（11）宝源兴 ························ 上海
（12）马长庆 ························ 上海
（13）鑫源大 ························ 上海
（14）石子记 ························ 上海
（15）达静记 ························ 上海
（16）殷福记 ························ 上海

（五）福建漆器
（1）沈绍安兰记 ·············· 福建福州
（2）沈绍安恂记 ·············· 福建福州
（3）沈绍安正镐 ·············· 福建福州

（六）手工刺绣
（1）嘉兴女子中学校
（2）中华女子美术专门学校

（3）张亲仁
（4）张慕韩
（5）高邮县立女子师范
（6）武进女子职业学校
（7）黄琴
（8）万裕绣庄
（9）乾泰祥福记
（10）林秀青
（11）韩润贞
（12）凤锦林
（13）刘如海及韵清女士
（14）曹濂珍
（15）江萍云、程华贞
（16）秦华明
（17）无锡绣工会
（18）振秀女学校
（19）南通女红传习所
（20）安徽省立女子职业学校
（21）杭县女子职业学校

（七）地毯
（1）上海模范工厂
（2）大北地毯公司

（八）夏布
（1）大生公司 …………………… 江西
（2）宜裳夏布号 ………………… 江西
（3）游泰顺夏布号 ……………… 江西
（4）庆春仁夏布号 ……………… 江西
（5）天成夏布号 ………………… 江西
（6）永康福夏布号 ……………… 江西
（7）永茂夏布号 ………………… 江西
（8）祥亨夏布号 ………………… 江西
（9）永隆泰夏布号 ……………… 江西
（10）上海高县农会 ……………… 江西
（11）复盛行 …………………… 江西
（12）安庆女子职业协济社 ……… 安庆
（13）严裕达 …………………… 浙江
（14）程大生 …………………… 江苏
（15）益友公司 ………………… 江苏
（16）盛泽商会 ………………… 江苏

（九）茶
（1）华茶公司 ………………… 上海
（2）忠信昌茶栈 ……………… 上海
（3）汪裕泰茶栈 ……………… 上海
（4）鸿怡泰茶栈 ……………… 上海
（5）项源泰茶庄 ……………… 上海
（6）万成茶栈 ………………… 上海
（7）瑞兰春馆 ………………… 上海
（8）吴世美茶号 ……………… 江苏
（9）润昌茶庄 ………………… 江苏
（10）汪巨川 …………………… 江苏
（11）陈泰和茶号 ……………… 江苏
（12）杨春隆茶号 ……………… 江苏
（13）查镜如 …………………… 江苏
（14）方正大茶号 ……………… 浙江
（15）翁隆盛茶号 ……………… 浙江
（16）大成 ……………………… 浙江
（17）乾泰 ……………………… 浙江
（18）亨大 ……………………… 浙江
（19）仁泰 ……………………… 浙江
（20）德兴祥 …………………… 浙江
（21）茂记 ……………………… 浙江
（22）万泰元 …………………… 浙江
（23）万康元 …………………… 浙江

（24）玉瓯春 ……………………… 安徽
（25）恒春茶栈 …………………… 江西
（26）建春茶行 …………………… 福建

（十）罐头食物
（1）泰丰公司 …………………… 上海
（2）丁义兴 ……………………… 浙江
（3）老紫阳馆 …………………… 上海
（4）鼎阳馆 ……………………… 上海
（5）冠生园 ……………………… 上海
（6）泰康公司 …………………… 上海
（7）如生 ………………………… 浙江
（8）天一 ………………………… 浙江
（9）胜笙 ………………………… 浙江
（10）定海水产模范工厂 ………… 浙江

（十一）调味素
（1）天厨味精厂 ………………… 上海
（2）中国化学工业社 …………… 上海
（3）中国根泰厂 ………………… 上海

（十二）教育
（1）中华教育改进社
（2）国立东南大学
（3）国立北京大学
（4）清华学校
（5）厦门大学
（6）北京师范大学
（7）浙江工业专门学校
（8）山西教育厅
（9）商务印书馆
（10）江苏省立第一工业专门学校
（11）江苏女子蚕业学校
（12）安徽省立女子职业学校

（十三）商务印书馆印刷品及出版物

（十四）中国地质调查所

乙　等

荣誉奖章

（一）吴德盛（陶器）

（二）中华书局

（三）商务印书馆（华文打字机）

（四）永利制碱公司

（五）中孚绢丝公司

（六）谭薰英女士（冷绣）……… 广州

（七）扇
（1）舒莲记 ……………………… 杭州
（2）王吉源 ……………………… 南京
（3）赵聚华 ……………………… 南京
（4）张子元 ……………………… 杭州

（八）花边
（1）恒昶公司沈渔宾 …………… 无锡
（2）严重儒 ……………………… 无锡

（九）织锦
（1）汪善夫 ……………………… 上海
（2）张象发 ……………………… 南京

(3) 王世林 ………………………… 南京
(4) 黄春源 ………………………… 南京
(5) 汪锦泰 ………………………… 南京
(6) 杨春深 ………………………… 南京
(7) 王炳南 ………………………… 南京
(8) 张紫斌 ………………………… 南京
(9) 吴顺昌 ………………………… 南京
(10) 祁德泰 ………………………… 南京
(11) 牛学发 ………………………… 南京
(12) 刘德元 ………………………… 南京
(13) 王国栋 ………………………… 南京
(14) 陈长记 ………………………… 南京
(15) 朱永明 ………………………… 南京
(16) 刘荣昌 ………………………… 南京
(17) 李厚丰 ………………………… 南京

(十) 皮货
(1) 协昌茂 ………………………… 上海
(2) 天发祥 ………………………… 上海

(十一) 银器
(1) 宝庆银楼 ……………………… 南京
(2) 宝兴银楼 ……………………… 南京
(3) 庆华银楼 ……………………… 南京
(4) 新凤祥银楼 …………………… 南京
(5) 庆福银楼 ……………………… 常熟

(十二) 笔墨
(1) 邵芝岩笔庄 …………………… 杭州
(2) 胡开文墨庄 …………………… 安徽
(3) 曹素功徽墨 …………………… 安徽
(4) 博文堂笔庄 …………………… 江阴

(十三) 渔网
(1) 潘玉书 ………………………… 安徽
(2) 巢县商会 ……………………… 安徽

(十四) 农业
(1) 杨九畴 ………………………… 江苏
(2) 姜大顺 ………………………… 江苏
(3) 李步云 ………………………… 江苏
(4) 江阴米业公所 ………………… 江苏
(5) 茂新面粉厂 …………………… 江苏
(6) 崔辅仁 ………………………… 浙江
(7) 金华县农会 …………………… 浙江
(8) 浙江公立农业学校 …………… 浙江
(9) 浙江省立农事试验场 ………… 浙江
(10) 浙江省立棉花试验场 ……… 浙江

(十五) 彩丝绒线
(1) 章庆记 ………………………… 常州
(2) 王楷熙 ………………………… 常州

(十六) 干湿食品
(1) 广生行 ………………………… 上海
(2) 五洲药房 ……………………… 上海
(3) 宏裕昌蛋厂 …………………… 江苏
(4) 宏远厂 ………………………… 江苏
(5) 申茂物产厂 …………………… 江苏
(6) 民达油厂 ……………………… 江苏
(7) 同源油厂 ……………………… 江苏
(8) 章恒升酱园 …………………… 浙江
(9) 义泰祥 ………………………… 浙江
(10) 仁泰号 ………………………… 浙江
(11) 大成 …………………………… 浙江
(12) 奉化实业局 …………………… 浙江

丙　等

金奖章

(一) 竹制品

(1) 张文玉斋 ……………… 江苏嘉定
(2) 时文秀斋 ……………… 江苏嘉定
(3) 俞滨 ……………………… 浙江
(4) 和会公司 ………………… 上海
(5) 马富晋 …………………… 浙江
(6) 李瑞丰 …………………… 浙江
(7) 吴普原 …………………… 浙江

(二) 纺织品

(1) 三友实业社 ……………… 上海
(2) 物华丝织公司 …………… 上海
(3) 景纶 ……………………… 上海
(4) 竞艺工厂 ………………… 江苏
(5) 冯孟衡 …………………… 江苏
(6) 劝工厂 …………………… 江苏
(7) 华澄公司 ………………… 江苏
(8) 足安袜厂 ………………… 上海
(9) 竞新手帕厂 ……………… 上海
(10) 上海第一织造厂 ………… 上海
(11) 建新公司 ………………… 上海
(12) 金华美纶公司 …………… 浙江
(13) 德大厂 …………………… 江苏
(14) 振昌成 …………………… 江苏

(三) 丝织绣品

(1) 都锦生丝织厂 …………… 杭州
(2) 袁震和 …………………… 杭州

(四) 草织品

(1) 宁波坤和草帽厂 ………… 浙江
(2) 冠华帽庄 ………………… 上海
(3) 森林藤柳器厂 …………… 上海
(4) 翔熊草织厂 ……………… 上海
(5) 振兴国货社 ……………… 江苏

(五) 化妆卫生用品

(1) 家庭工业社 ……………… 上海
(2) 广生行 …………………… 上海
(3) 五洲固本厂 ……………… 上海
(4) 双轮牙刷公司 …………… 上海
(5) 一心牙刷公司 …………… 上海
(6) 香亚公司 ………………… 上海
(7) 爱华瑞记皂厂 …………… 上海
(8) 南阳烛皂厂 ……………… 上海
(9) 馥茂化妆品厂 …………… 上海
(10) 中国兄弟工业社 ………… 上海
(11) 亨利皂厂 ………………… 上海
(12) 永盛薄荷公司 …………… 上海
(13) 福兴薄荷厂 ……………… 江苏
(14) 太仓薄荷厂 ……………… 江苏

(六) 革制品

(1) 香港皮鞋公司 …………… 香港
(2) 日新厂 …………………… 杭州
(3) 隆兴制革厂 ……………… 上海

(七) 植物油

(1) 大有余机器榨油公司 …… 上海
(2) 公新 ……………………… 浙江
(3) 瑞裕隆 …………………… 浙江
(4) 严仁和 …………………… 浙江

（八） 蚕桑成绩

（1） 江苏省立蚕桑模范场

（2） 安徽省立女子职业学校

（3） 安徽省立第二农业场学校

（4） 安徽省立柞蚕试验场

（5） 浙江省立原蚕种试验场

（6） 浙江省立女子蚕业讲习所

（7） 浙江省立蚕业学校

（8） 浙江省立农事试验场

（9） 熊韵清

（九） 纸伞

（1） 马元记 …………………………… 福州

（2） 曹裕兴伞厂 …………………… 镇江

（3） 镇江苦儿院 …………………… 镇江

（4） 华强伞厂 ……………………… 杭州

（5） 华兴伞厂 ……………………… 杭州

（6） 陈祥顺 …………………………… 杭州

（十） 纸

（1） 天章纸厂 ……………………… 上海

（2） 汪六吉泾记宣纸厂 ………… 安徽

（3） 曹兴泰 …………………………… 安徽

（4） 安徽省立第七工厂陈凤章 … 安徽

（5） 裕源纸厂 ……………………… 安徽

（6） 金生和厂 ……………………… 安徽

（7） 铅山县实业局 ……………… 江西

（8） 裕康纸厂 ……………………… 江西

（9） 宁荫青 …………………………… 江西

（十一） 香

（1） 中国化学工业社 …………… 上海

（2） 杨俊余 …………………………… 上海

（3） 孙透云 ………………… 浙江平湖

（4） 赵少云 ………………… 浙江海盐

（5） 查佐卿 ………………… 浙江海盐

（6） 吴惠生 ………………… 浙江海盐

（7） 汪凤城 ………………… 浙江海盐

（十二） 烟叶

（1） 王大成 ………………………… 浙江

（2） 正盛昌 ………………………… 浙江

（3） 丰大 …………………………… 浙江

（十三） 玉石制品

（1） 袁琢人

（2） 蚌埠总商会

（3） 陈泰丰号

（十四） 武林铁工厂 ………………… 杭州

（十五） 振华油漆公司 …………… 上海

（十六） 益丰搪瓷公司 …………… 上海

（十七） 利永陶器公司 …………… 上海

（十八） 崔玉符（发网） ………… 山东

（十九） 老卜恒顺号（梳篦） …… 常州

（二十） 新新公司（绣鞋） ……… 上海

（廿一） 金华贫民习艺所 ………… 浙江

（廿二） 王籽（象牙雕刻） ……… 江苏

丁 等

银奖章

（一）鹰球制造厂 ……………………… 上海

（二）华生电器制造厂 ………………… 上海

（三）仁昌永料器厂 …………………… 山东

（四）马德记 …………………………… 上海

（五）常州贫儿教养院 ………………… 常州

（六）蜂蜜及蜡

（1）华绎之农产养蜂公司 ……… 无锡

（2）浙江农业专门学校 ………… 浙江

（3）休宁县农会 ……………………… 安徽

（七）鹅鸭羽绒

（1）同源仁记号 ……………………… 江苏

（2）华新羽绒公司 ………………… 湖南

（3）董建功 ……………………………… 江苏

（八）雕刻印章

（1）章伯夔 ……………………………… 江苏

（2）阮性宜 ……………………………… 浙江

（九）倒剪及铜器

（1）张小泉近记 ……………………… 浙江

（2）沈广隆 ……………………………… 浙江

（3）刘麻子刀店 ……………………… 安徽

（4）李宝林 ……………………………… 江苏

（5）姚顺昌 ……………………………… 江苏

（十） 电刻

（1）美记华珍公司 ………………… 上海

（2）上海模范工厂 ………………… 上海

（十一）江西漆器

（1）杨荣大号 ………………………… 江西

（2）永大号 ……………………………… 江西

（3）王春大 ……………………………… 江西

（十二）留声片

（1）中国晚报馆留声部 ………… 上海

（2）大中华留声机器公司 ……… 上海

戊 等

铜奖章

（一）中国蓄电池厂 ………………… 上海

己 等

名誉奖词（无章）

（一）吴鲁衡（日规） …………… 安徽

（二）方秀水（经纬度圭） ……… 安徽

四、历届世博会名录

1851年英国伦敦
地点：英国伦敦
会期：1851.4.1~1851.10.11
名称：伦敦万国工业产品大博览会
主题：万国工业
类别：综合类
总面积：10.4公顷
参加国/地区：25
参观者：6 039 195
投资成本：1 678 710美元

1855年法国巴黎：农业、工业和艺术
地点：法国巴黎
会期：1855.5.15~1855.11.15
名称：巴黎世界工农业和艺术博览会
主题：农业、工业和艺术
类别：综合类
总面积：15.2公顷
参加国/地区：25
参观者：5 162 330
投资成本：2 267 304.37美元

1862年英国伦敦：农业、工业和艺术
地点：英国伦敦
会期：1862.5.1~1862.11.1
名称：伦敦国际工业和艺术博览会
主题：农业、工业和艺术
类别：综合类
总面积：15.2公顷
参加国/地区：39
参观者：6 096 617
投资成本：2 294 210美元

1867年法国巴黎：农业、工业和艺术
地点：法国巴黎
会期：1867.4.1~1867.11.3
名称：第二届巴黎世界博览会
主题：农业、工业和艺术
类别：综合类
总面积：68.7公顷
参加国/地区：42
参观者：15 000 000
投资成本：4 596 800美元

1873年奥地利维也纳：文化和教育
地点：奥地利维也纳
会期：1873.5.1~1873.10.31
名称：维也纳万国博览会
主题：文化和教育
类别：综合类
总面积：233公顷
参加国/地区：35
参观者：7 25 500
投资成本：9 561 635美元

1876年美国费城：庆祝美国百年独立

地点：美国费城
会期：1876.5.10~1876.11.10
名称：美国独立百年展览会
主题：庆祝美国百年独立
类别：综合类
总面积：115公顷
参加国/地区：35
参观者：10 000 000
投资成本：8 000 000美元

1878年法国巴黎：农业、工业和艺术

地点：法国巴黎
会期：1878.5.20~1878.11.10
名称：第三届巴黎世界博览会
主题：农业、工业和艺术
类别：综合类
总面积：75公顷
参加国/地区：36
参观者：16 156 626
投资成本：11 054 330.07美元

1880年澳大利亚墨尔本：万国工农业，制造业与艺术

地点：澳大利亚墨尔本
会期：1880.10.1~1881.4.30
名称：万国工农业、制造与艺术博览会
主题：万国工农业、制造业与艺术
类别：综合类
总面积：25公顷
参加国/地区：33
参观者：1 330 000
投资成本：1 600 000美元

1888年西班牙巴塞罗纳

地点：西班牙巴塞罗纳
会期：1888.4.8~1888.12.10
名称：巴塞罗纳世界博览会
类别：综合类
总面积：46.5公顷
参加国/地区：30
参观者：2 300 000

1889年法国巴黎：纪念法国革命100周年

地点：法国巴黎
会期：1889.5.5~1889.10.31
名称：第四届巴黎世界博览会
主题：纪念法国革命100周年
类别：综合类
总面积：96公顷
参加国/地区：35
参观者：32 250 297

1893年美国芝加哥：纪念发现美洲400周年

地点：美国芝加哥
会期：1893.5.1~1893.10.3
名称：芝加哥哥伦布纪念博览会
主题：纪念发现美洲400周年
类别：综合类
总面积：290公顷
参加国/地区：19
参观者：27 500 000
投资成本：27 245 566.90美元

1897年比利时布鲁塞尔：国际展览

地点：比利时布鲁塞尔

会期：1897.5.10~1897.11.8
名称：布鲁塞尔世界博览会
主题：国际展览
类别：综合类
总面积：132公顷
参加国/地区：27
参观者：7 800 000

1900年法国巴黎：新世纪发展
地点：法国巴黎
会期：1900.4.15~1900.11.12
名称：第五届巴黎世界博览会
主题：新世纪发展
类别：综合类
总面积：120公顷
参加国/地区：58
参观者：50 860 801
投资成本：18 746 186美元

1904年美国圣路易斯：纪念路易斯安那100周年
地点：美国圣路易斯
会期：1904.4.30~1904.12.1
名称：纪念路易斯安那
主题：纪念路易斯安那100周年
类别：综合类
总面积：500公顷
参加国/地区：60
参观者：19 694 855
投资成本：31 500 000美元

1905年比利时列日(LIEGE)：比利时独立75周年
地点：比利时列日
会期：1905.4.27~1905.11.6
名称：列日世界博览会
主题：比利时独立75周年
类别：综合类
总面积：70公顷
参加国/地区：31
参观者：7 000 000
投资成本：28 903 605美元

1910年比利时布鲁塞尔：国际展览
地点：比利时布鲁塞尔
会期：1910.4.23~1910.11.7
名称：布鲁塞尔世界博览会
主题：国际展览
类别：综合类
总面积：90公顷
参观者：13 000 000
投资成本：3 550 000美元

1911年意大利都灵：万国制造工艺博览会
地点：意大利都灵、罗马
会期：1911.4~1911.10（都灵）
1911.2~1911.10（罗马）
名称：意大利都灵万国制造工艺博览会
主题：庆祝意大利统一50周年
类别：综合类
总面积：120公顷
参观国：37
参观者：7 409 145

1913年比利时根特：国际展览

地点：比利时根特

会期：1913.4.23~1913.11.7

名称：1913根特世博会

主题：国际展览

类别：综合类

总面积：130公顷

参加国/地区：26

参观者：9 503 419

投资成本：3 300 000美元

1915年美国旧金山：庆祝巴拿马运河通航和旧金山建立

地点：美国旧金山

会期：1915.2.20~1915.12.4

名称：旧金山巴拿马太平洋博览会

主题：庆祝巴拿马运河通航和旧金山建立

类别：综合类

总面积：254公顷

参加国/地区：32

参观者：19 000 000

投资成本：25 865 914美元

1926年美国费城：庆祝建国150周年

地点：美国费城

会期：183天

名称：费城建国150周年世博会

主题：庆祝建国150周年

类别：综合类

1929年西班牙巴塞罗纳：巴塞罗纳国际展览

地点：西班牙巴塞罗纳

会期：1929.5.20~1930.1.15

名称：巴塞罗纳世界博览会

主题：巴塞罗纳国际展览

类别：综合类

总面积：118公顷

投资成本：25 083 921美元

1933年美国芝加哥：进步的世纪

地点：美国芝加哥

会期：1933.5.27~1933.11.12

名称：芝加哥万国博览会

主题：进步的世纪

类别：综合类

总面积：170公顷

参加国/地区：21

参观者：22 317 221

投资成本：42 900 989美元

1935年比利时布鲁塞尔：通过竞争获得和平

地点：比利时布鲁塞尔

会期：150天

名称：布鲁塞尔万国博览会

主题：通过竞争获得和平

类别：综合类

1936年瑞典斯德哥尔摩：国际展览

地点：瑞典斯德哥尔摩

会期：1936.5（共14天）

名称：斯德哥尔摩世界博览会

主题：航空

类别：专业类

总面积：5.3公顷

1937年法国巴黎：现代生活的艺术和技巧

地点：法国巴黎

会期：1937.5.25~1937.11.25

名称：巴黎现代生活艺术世界博览会

主题：现代生活的艺术和技巧

类别：综合类—2

总面积：105公顷

参加国/地区：44

参观者：31 040 955

投资成本：1 443 288 391法郎

1938年芬兰赫尔辛基：航空航天

地点：芬兰赫尔辛基

会期：1938.5.14~1938.5.22

名称：第二届国际航空展

主题：航空航天

类别：专业类

总面积：15.2公顷

参加国/地区：25

参观者：15 000 000

投资成本：2 267 304.37美元

1939年比利时烈日（Liege）：水的季节

地点：比利时

会期：1939.5~1939.11

名称：国际水资源博览会

主题：水的季节

类别：专业类

总面积：50公顷

1939年美国纽约：建设明天的世界

地点：美国纽约

会期：1939.4.30~1939.10.31
1940.5.11~1940.10.27

名称：1939~1940纽约世界博览会

主题：建设明天的世界

类别：综合类—2

总面积：500公顷

1947年法国巴黎：国际展览

地点：法国巴黎

名称：1947巴黎世界博览会

主题：都市生活

类别：专业类

1949年海地王子港：王子港建立200周年

地点：海地王子港

会期：1949.12~1950.6

名称：1949王子港世界博览会

主题：王子港建立200周年

类别：综合类—2

总面积：30公顷

1949年瑞典斯德哥尔摩：体育

地点：瑞典斯德哥尔摩

会期：1949.7.27~1949.8.13

名称：世界体育博览会

主题：体育

类别：专业类

总面积：37英亩

1949法国里昂：田园生活

地点：法国里昂

名称：1949里昂博览会

主题：田园生活

类别：专业类

1951年法国里尔：纺织面料
地点：法国里尔
会期：1951.4.28~1951.5.20
名称：国际纺织博览会
主题：纺织面料
类别：专业类
总面积：15公顷
参加国/地区：22
参观者：1 500 000

1953年以色列耶路撒冷：征服沙漠
地点：以色列耶路撒冷
会期：1953.9.22~1953.10.14
名称：耶路撒冷世界博览会
主题：征服沙漠
类别：专业类
总面积：15公顷
参加国/地区：13
参观者：1 500 000

1953年意大利罗马：农业
地点：意大利罗马
会期：1953.6~1953.10
名称：罗马国际农业博览会
主题：农业
类别：专业类
总面积：12公顷

1954年意大利那不勒斯：航海
地点：意大利那不勒斯
会期：1954.5.15~1954.10.15
名称：世界航海博览会
主题：航海
类别：专业类
总面积：100公顷

1955年意大利都灵：体育
地点：意大利都灵
会期：1955.5.25~1955.6.19
名称：1955都灵国际体育博览会

1955年瑞典赫尔辛博格：艺术与职业
地点：瑞典赫尔辛博格
会期：1955.6.10~1955.8.28
名称：世界生活艺术博览会
主题：艺术与职业
类别：专业类

1956年以色列：柑橘栽培
地点：以色列
会期：1956.5
名称：柑橘栽培展览会
主题：柑橘栽培
类别：专业类

1957年德国柏林：重建汉莎
地点：德国柏林
会期：1957.7.6~1957.9.29
名称：柏林世界博览会
主题：重建汉莎
类别：专业类

1958年比利时布鲁塞尔：世界人口文化
地点：比利时布鲁塞尔

会期：1958.7.6~1958.9.29
名称：布鲁塞尔世界博览会
主题：世界人口文化
类别：综合类一1
总面积：200公顷
参加国/地区：42
参观者：41 454 412
投资成本：2 530 500 000比利时法郎

1961年意大利都灵：庆祝意大利统一100周年

地点：意大利都灵
会期：1961.5.1~1961.10.31
名称：国际劳动展览会
主题：庆祝意大利统一100周年
类别：专业类
总面积：30公顷

1962年美国西雅图：宇宙时代的人类

地点：美国西雅图
会期：1962.4.21~1962.10.21
名称：西雅图二十一世纪博览会
主题：宇宙时代的人类
类别：综合类一2
总面积：30公顷

1964年美国纽约：通过理解走向和平

地点：美国纽约
会期：360天
名称：纽约世界博览会
主题：通过理解走向和平
类别：综合类一1

1965年德国慕尼黑：国际运输展

地点：德国慕尼黑
会期：1965.6.25~1965.10.3
名称：IVA国际运输展览会
主题：国际运输展
类别：专业类
总面积：5公顷
参加国/地区：31
参观者：2 500 000

1967年加拿大蒙特利尔：人类与世界

地点：加拿大蒙特利尔
会期：1967.4.28~1967.10.27
名称：蒙特利尔世界博览会
主题：人类与世界
类别：综合类一1
参加国/地区：62
参观者：50 306 648
投资成本：431 904 638加元

1968年美国圣安东尼奥：美国社会文明融合

地点：美国圣安东尼奥
会期：1968.4.6~1968.10.6
名称：1968圣安东尼奥博览会
主题：美国社会文明融合
类别：专业类
参加国/地区：23

1970年日本大阪：人类的进步与和谐

地点：日本大阪
会期：1970.3.15~1970.9.13
名称：大阪万国博览会

主题：人类的进步与和谐
类别：综合类—1
参加国/地区：75
参观者：64 218 770

1971年匈牙利布达佩斯：人类狩猎的演化和艺术

地点：匈牙利布达佩斯
会期：1971.9.27~1971.9.30
名称：世界狩猎博览会
主题：人类狩猎的演化和艺术
类别：专业类
总面积：33公顷
参加国/地区：34
参观者：1 900 000

1974年美国斯波坎：环境

地点：美国斯波坎
会期：1974.5.4~1974.11.3
名称：斯波坎世界环境博览会
主题：环境
类别：专业类
参观者：4 800 000

1975年日本冲绳：海洋，未来的希望

地点：日本冲绳
会期：1975.7.20~1976.1.18
名称：冲绳国际海洋博览会
主题：海洋，未来的希望
类别：专业类
总面积：100海亩
参加国/地区：37
参观者：3 485 750

1981年日本神户：人工岛、大港口、高速列车

地点：日本神户
会期：180天
名称：神户港岛博览会
主题：人工岛、大港口、高速列车
类别：专业类
参观者：16 100 000

1982年美国诺克斯维尔：能源–世界的原动力

地点：美国诺克斯维尔
会期：1982.5.1~1982.10.31
名称：诺克斯维尔世界能源博览会
主题：能源–世界的原动力
类别：专业类
参加国/地区：16
参观者：11 127 786

1984年美国新奥尔良：河流的世界，水乃生命之源

地点：美国新奥尔良
会期：1984.5.12~1984.11.11
名称：新奥尔良世界博览会
主题：河流的世界，水乃生命之源
类别：专业类
总面积：34公顷
参加国/地区：26
参观者：7 335 279
投资成本：350 000 000美元

1985年日本筑波：居住与环境：人类家居科技

地点：日本筑波

会期：1985.3.17~1985.9.16
名称：筑波世界博览会
主题：居住与环境：人类家居科技
类别：专业类
总面积：101公顷
参加国/地区：111
参观者：20 334 727

1985年保加利亚普罗夫迪夫：家庭生活中科学和技术的创造力

地点：保加利亚普罗夫迪夫
会期：1985.11.4~1985.11.30
名称：保加利亚青年发明家成果博览会
主题：家庭生活中科学和技术的创造力
类别：专业类
参加国/地区：86
参观者：1 000 000

1986年加拿大温哥华：交通与通讯

地点：加拿大温哥华
会期：1986.5.2~1986.10.13
名称：温哥华国际交通与通讯博览会
主题：交通与通讯
类别：专业类
参加国/地区：54
参观者：22 111 578
投资成本：802 000 000美元

1988年澳大利亚布里斯班：科技时代的休闲生活

地点：澳大利亚布里斯班
会期：1988.4.30~1988.10.30
名称：布里斯班科技休闲博览会
主题：科技时代的休闲生活
类别：专业类
总面积：40公顷
参加国/地区：38
参观者：18 574 476

1991年保加利亚普罗夫迪夫：和平世界的青年运动

地点：保加利亚普罗夫迪夫
会期：1991.6.7~1991.7.7
名称：第二届青年发明家成果博览
主题：和平世界的青年运动
类别：专业类

1992年意大利热那亚：船舶与海洋

地点：意大利热那亚
会期：1992.5.15~1992.8.15
名称：热那亚'92世界博览会
主题：船舶与海洋
类别：专业类
参加国/地区：54
参观者：1 694 800

1992年西班牙塞维利亚：探索与发现

地点：西班牙塞维利亚
会期：1992.4.20~1992.10.12
名称：塞维利亚世界博览会
主题：探索与发现
类别：综合类
总面积：215公顷
参观者：41814571

1993年韩国大田: 新的起飞之路
地点: 韩国大田
会期: 1993.7.8~1993.11.7
名称: 大田世界博览会
主题: 新的起飞之路
类别: 专业类
总面积: 90.1公顷
参加国/地区: 141
参观者: 14 005 808

1998年葡萄牙里斯本: 海洋-未来的财富
地点: 葡萄牙里斯本
会期: 1998.5.22~1998.6.30
名称: 里斯本世界博览会
主题: 海洋-未来的财富
类别: 专业类
总面积: 50公顷
参观者: 10 128 204

2000年德国汉诺威: 人类-自然-科技
地点: 德国汉诺威
会期: 2000.6.1~2000.10.31
名称: 汉诺威世界博览会
主题: 人类-自然-科技
类别: 综合类
总面积: 160公顷
参加国/地区: 155
参观者: 18 000 000
投资成本: 10 200 000德国马克

2005日本爱知: 自然的睿智
地点: 日本爱知
会期: 2005.3.24~2005.9.25
名称: 爱知世界博览会
主题: 自然的睿智
类别: 综合类
总面积: 173公顷
参加国/地区: 121
参观者: 22 049 544

2008年西班牙萨拉戈萨: 水与可持续发展
地点: 西班牙萨拉戈萨
会期: 2008.6.14~2008.9.14
名称: 2008萨拉戈萨世界博览会
主题: 水与可持续发展
类别: 专业类
总面积: 25公顷
参加国/地区: 105
参观者: 56 000 000

BIE资料室提供

(此表不包含历届世界园艺博览会)

参考文献

宋超.世博读本.上海：上海科学技术文献出版社，2008

吴敏.走进世博会——世博历史150年.上海：东方出版中心，2008

中国与世界博览会.2005年日本爱知世博会中国馆资料手册，2005

俞力.水晶宫的魅力——1851年英国伦敦第一届世界博览会纪实.世博网

吴敏.有关1873的中国记忆.上海世博，2007（9）

吴敏.1873维也纳世博会.上海世博，2007（9）

吴敏.1904年圣路易斯世博会.上海世博，2008（4）

吴敏.能源：世界的原动力——记美国1982年诺克斯维尔世博会.上海世博，2008（8）

周德华.南洋劝业会与丝绸.丝绸，1998（2）

魏爱文.清末商品赛会述评.贵州文史丛刊，2002（3）

张晓华.让绝技再生的"葡萄常"第五代传人.民间艺人，2007（3）

宋茂萃.近代中国海关与维也纳世界博览会.桂海论丛，2004（11）增刊

马敏.有关中国与巴拿马太平洋万国博览会的几点补充.近代史研究，1999（4）

梁碧莹.民初中国实业界赴美的一次经济活动——中国与巴拿马太平洋万国博览会.近代史研究，1998（1）

沈惠芬.走向世界——晚清中国海关与1873年维也纳世界博览会.福建师范大学学报(哲学社会科学版)，2004（4）

周德华，周寄韵.江苏丝绸与世博会.史海探迹，2003（6）

王秀霞，王伟.近代中国在国际博览会中地位的变迁.山东省农业管理干部学院学报，2003（2）

胡懿.巴拿马太平洋博览会上之中国.档案与史学，2002（3）

陶德臣.1915年巴拿马博览会获奖茶叶.中国茶叶，2001（5）

徐文仲.茅台酒——巴拿马赛会获奖的争端.贵阳文史，2002（3）

沈原.中西文化的交融与碰撞——记晚清政府派员参加美国圣路易斯博览会.历史档案，2006（4）